First publi shed in 2025 by PRESS DIONYSUS LTD in the UK. 207 Regent Road, PI5 4ST, London.

www.pressdionysus.com

PRESS DIONYSUS

All rights reserved. Printed in the UK. No part of this book may be used or reproduced in any manner whatsoever without written permission except in the case of brief quotations embodied in critical articles or reviews.

First published in 2025 by PRESS DIONYSUS LTD in the UK, 167, Portland Road, N15 4SZ, London.

www.pressdionysus.com

Paperback

ISBN: 978-1-913961-39-8
Copyright © 2025 by PRESS DIONYSUS.

BEYOND BORDERS

SINIR BOYLARINDA

KÂZIM ALTAN

DIONYSUS

ISBN- 978-1-913961-39-8
© Press Dionysus 2025

Press Dionysus LTD, 167, Portland Road, N15 4SZ, London
- e-mail: info@pressdionysus.com
- web: www.pressdionysus.com

In memory of my mother Emine Kâzim Ali and my father Ali Mustafa.

About the author

Kâzım Altan was born in Ayia Varvara, Paphos, Cyprus. He came to London in 1963 where he read Sociology and later gained an MSc in 'Sociology and Politics'. He worked in Further Education Colleges in London for many years and was also an English Language Examiner with Trinity College. He enjoys writing and loves to combine it with performance. He has appeared in several shows at the Arcola Community Theatre in North London and The LOST Theatre in South London, acting characters that he created. Throughout his theatre training he played principal roles the last one being Ensemble 17, by the Amazonian Theatre Company which showed at the Camden Fringe Festival. He is the author of 'Pantelis', published by Press Dionysus in English and in Turkish.

Some Words of Gratitude

I am indebted to the writers, colleagues and friends Dursaliye Şahan and Gülsüm Öz for their encouragement; to Giorgos Neophytou for reading Secrets and for his kind advice, to Cem Tuncel and Kathleen Stephanites for their careful but sensitive editing and to Tuncay Bilecen for managing the whole printing and advertising process. My thanks also to the Arcola Theatre for allowing me to use their space as my training ground and to the ensembles and directors I worked with at the Arcola, at the LOST Theatre and at the Amazonian Theatre Company. A special thanks to my partner Şengül, my daughters, Halide and Cihan and my talented grandchildren Ella, Leyla, Ifor and Axel for their continuing support.

Contents

1. Beyond Borders – The Jungle

2. More Jam for Omar

3. 'Free to be Imprisoned'

4. Secrets -Like Mother Like son

5. Hell -The Journalist

6. The Grand Old Man

7. Omar

1
THE 'JUNGLE'

Characters

Omar – A Syrian refugee - male, early 40s

Nasreen – A Syrian refugee – woman late 50s.

Hatice – A young woman in her mid-20s with a baby she breast-feeds.

People Smuggler – Two young men in their mid-thirties.

French Police (4) – Two men and two women in their late 20s.

1st, 2nd, 3rd, and 4th - Men and women in various ages but mostly young.

Other Refugees – Young men and women in their early twenties; an elderly person and two younger women in wheelchairs / children optional.

Scene 1

Music fills the stage: Sabahat Akkiraz – Overture to 'Haydar Haydar.'

We see a solitary man, Abdullah, sitting on a makeshift bench and looking at a photograph. Behind him, his ruined house is reflected on a screen. He is silent. Then, as the stage gradually darkens, a single spotlight shines on him as he addresses the audience.

Abdullah - They had a teddy bear, my little boys. That teddy bear, in its pink dress, was the picture that featured on the front page of all the international press.

Thousands drowned in the Aegean; their teddy bear became a symbol of the tragedy.

I no longer wished to immigrate to Europe; to Canada; escape the bloody war in Syria. We left Kobani under siege. I returned to it to burry my family. Never mind that I no longer had a home, that the city was in ruins.

He is silent for a while as he looks at the photograph which he then puts in his pocket.

A government official said we would have all been welcomed to stay in his country.

I might have been moved by this gesture, had he not made this speech in front of a host of TV cameras. *Abdullah smiles bitterly. The stage darkens.*

Scene 2

Nasreen emerges from under a low single berth tent and looks around her. She looks tired. Her hair is entangled. Several other refugees are milling around on stage; some have towels over their shoulder others dry their hands and faces. One of them greets Nasreen.

Hatice - Good morning Nasreen. How are you this morning?

Nasreen - As well as can be expected.

Hatice – I heard you shouting last night.

Nasreen – My nightmares keep me awake all night. I fall asleep at dawn.

Hatice – Bear up Nasreen. There must be a light at the end of this tunnel, God willing. We are safe now. It's all in the past… We'll get through it somehow, insallah.

Nasreen – It's so cold at night. I don't know how these little ones can bear it.

Hatice – We manage somehow. It'll get colder, I am sure. I think we may be able to get on that bus today. They say it will take us up to the Austrian border, wherever that is.

Nasreen – *Gets up and brings out a bowl from her plastic bag. Pours some water into it from a larger container and washes her hands and face and dries with an old threadbare towel.* My knees… It's so cold. I should have stayed where I was… Travelling across this land, on foot… what was I thinking… But I couldn't bear to stay. I was losing my mind. At least the cold, here, gives me something else to worry about.

Hatice - I know. Come and have a bite to eat. You didn't have much last night. Hopefully we'll get some more handouts. They are kind but they can't do much really.

Nasreen - No you have it. You need it more than I do… Your baby needs your milk…

Hatice – Don't be silly. Come, sit down, have a bite. They will be here soon. *She sits. The stage darkens.*

All the actors on stage exit.

Scene 3

SFX- *Sabahat Akkiraz 'Haydar Haydar' instrumental plays until the lights come on, slowly. Abdullah is standing centre stage, barely visible.*

Then the stage darkens, and he is again spotlighted. He is holding a bag; a blanket is thrown over his shoulders. He walks in a circle, talking to himself. Then, to the audience, he says, 'we sit and wait,' and he sits himself down on a rock. Several other refugees mill around the stage.

Abdullah - I couldn't stay... I am on the move again.

Locked out, on the wrong side of these fences, -*gestures at others on stage*- we wander about along these borders, we spend the winter in tents, huddle beneath donated blankets for warmth, wear ill-fitting clothes, mismatched socks -*sits.* -

And wait.

Smiles bitterly. This is Europe! Where we imagined we would be welcomed, where we hoped to begin a new life far from the rages of war.

Black out. Abdullah exits.

Tableau 1

When the lights gradually brighten, all actors walk onto the stage in groups or singly and say a line and huddle together then form a circle.

1st Actor - Like beggars we eat and run.

2nd Actor - We had a house.

3rd actor - A home.

Nasreen - A family place.

Abdullah - Our home.

Nasreen - My Children are no more.

Abdullah - Mine drowned in the Aegean

1st Actor – We had a home you destroyed.

A missile sound shoots across the stage.

The cast disperse and start milling around.

Suddenly sirens can be heard. Armed police arrest a young refugee and order the others to move on, away from the iron fences reflected at the back of the stage.

Black out.

Scene 4

When the lights come on, several people are setting up a soup kitchen. Nasreen walks behind the service table and begins to serve out soup and sandwiches. The refugees gather in small groups and converse as they eat. Soft voices, occasional laughter. Then a fight breaks out and soon after a police siren wails. Two police officers (a man and a woman) dismantle a tent. There is a brawl. People scramble for whatever they can rescue from their tent. Nasreen looks on, concerned, and begins to sing. She continues singing as she packs empty pots into a cardboard box. Abdullah enters the stage. He sits on a bench and listens to Nasreen singing while she busies herself with stirring the soup and arranging more sandwiches on the service table.

Abdullah – Selamun aleykum… That's a lovely tune. You have a beautiful voice.

Nasreen – Oh, it's just a song I grew up with… It comes to me when I think of what we've been through, of what we are going through. Another tent was taken down just now. Why? How can people be so heartless? *She stirs the soup.* I haven't seen you for days. Please, come and take some food before it runs out. I'll join you in a few minutes.

Abdullah approaches the table and holds out his tin mug.

Nasreen - *Serves him a ladleful of soup.* Here, I'll give you a bit more as it's the end of the evening.

Abdullah – Thank you, Nasreen, you are very kind. And yes, please join me. I'm sure you're tired after serving so many meals.

He sits on a log used as a bench and waits for Nasreen who potters around the serving table for a while. She serves one or two people with what's left of the soup, says sorry to the last one and shares half of hers then she joins Abdullah, carrying a bowl of soup for herself.

Nasreen – *To the first refugee.* I am sorry. There isn't much left now. I'll share what there is between you. *Then to the woman who arrives last.* It's all gone now, I am sorry…*The woman turns to walk away.*

Nasreen – Wait… I have put aside some for myself… Here let's share it. *She pours some into the woman's mug who bows her head and at the same time puts her right hand to the left of her chest and whispers the word "shukran". Nasreen potters about for a few more seconds then picks up her tin mug and walks across the stage to join Abdullah.*

Abdullah – *Gestures* Please sit here… *Pause.* Like this… We shall eat together, like a family. *Pause.* Eating alone isn't fun.

Nasreen - I know… *Both eat quietly for a bit* - We used to eat all together in our kitchen, my husband, I and our children.

We were not rich, but comfortable… Until a bomb destroyed our home. All my family, everything and everyone gone… except me. I didn't understand. Why? … We had nothing to do with politics or anything… I still don't understand. Will 'they' ever realize the price we pay… And for what? What is gained? *Pause.* I could not stay there. I left soon afterwards, wandered aimlessly, slept when and where I was offered a bed. Eventually, I found myself in this 'jungle', as they call it. Alone, desolate. Yet, seeing all these people here, homeless like me, I understood I was not so alone. I thought that I could perhaps find some purpose here… By helping others. I could do something… Cook food, serve it… Listen to people's stories. I tell you; there's a book of stories in every one of them.

It helps me deal with my own grief. *Pause.*

You, and all these other poor, lost people are my family now.

We have come from different places, different communities, yet we all share the same grief. So, we make do, share food, our experiences, talk about the homes and family we have lost. Who knows what the future holds for any of us! Kismet, as we say in our culture.

Abdullah – *Listens attentively but does not probe...* Loss is a terrible thing, Nasreen.

You keep yourself busy, that's good. *Pause.*

Kismet has a lot to answer for... Allah, too, I think...

Nasreen – Oh, don't say that ... I think this is all man's doing, not the doing of our merciful God ...

Abdullah – You're right. It is all man's doing. And yet God seems to show no mercy to us, Nasreen ... I am glad you found a way of holding on to your humanity. I should have stayed and fought for change... There seemed no point after I lost my wife and two boys... I couldn't stay there... Here I am, a refugee again in a no man's land!

Nasreen - What do you know of this journey across the channel that people are talking about, Abdullah? Do you think it's safe? – I feel better now, after these many months here. I feel stronger somehow... I feel I have found a home in this new community - Only tents and shacks, I know, but we look out for each other, share our food. *Pause.* This journey people speak of surely will bring a better future. We must live and hope. I don't have much money but maybe it's worth buying a ticket.

Abdullah – *Is thoughtful.* I'm not so sure! It's a dangerous journey, on a flimsy dinghy, across a violent sea. *Remains silent for a bit* No, I think things have got to change...here. It's not right... All these children... all these young people... what is their future? Each one of them could contribute to the well-being of any society. Yet, they grow up in this wild place with the false hope that one day, maybe one day, they will cross that channel, be received with open arms, and start a new life!

Takes a deep breath. Yet what they are learning here, in this 'jungle' is how to survive. And survival means looking out for others, sharing what they have. They can be the nucleus, the seed, of a different, a fairer system. Imagine if this were a state and they had power. They could transform the world.

Nasreen – Oh absolutely, Abdullah – And big things grow from small beginnings. And what I know is that when we support each other and work together things are better.

Abdullah – Exactly so.

They eat quietly for a while. Then Nasreen rises, massaging her knees.

Nasreen - I'd better start clearing up. I am sorry it is almost always the same food… But I notice how people from the same countries find one another, and at mealtimes they each bring a dish to share… That is so good to see… *Rubs her knees again.* Oh… my knees. I think I'll be off to buy that ticket! Not that I have much money to spare but maybe, just maybe, my luck will change. Who knows! On the other side of these furious waves, I may find a roof to cover my head, a warm bed to sleep in. I live in hope.

Abdullah – We are all wondering about that ticket to a better life across the channel. But it's nonsense, you know. They will only put us on a plane with a one-way ticket to Rwanda or wherever the government of the time decides to hurl us.

Save your money. It's all a con. A journey on a dingy, at night, across a rough sea… A nightmare more likely, a death sentence! How many of us even know how to swim, for god's sake? Don't waste your money… More importantly… Don't waste your hope on crossing that channel.

We will need it for that long overdue change!

And take care of that knee. It's the cold. It seeps into our bones.

Nasreen – But Abdullah, I can't stop hoping. *Suddenly she becomes angry.* Anyway, I can work these things out for myself!

Abdullah – Then I wish you good luck, Nasreen! Make sure that the lifejacket they give you works before you board the boat… These men are ruthless.

He picks up his bag, preparing to leave. Nasreen sings the last verse of her song as she clears up a few things from the serving table.

The lights dim.

Scene 5

Sabahat Akkiraz – 'Haydar Haydar' instrumental continues to play Abdullah, still sitting on the bench, is spotlighted. He swings around to face the audience.

Abdullah – Fascism, in the form of international capital, has taken root. In this brutal world, most of us toe the line. We do so to survive. Capital works on the principle of subjugation. Those who reject it and its philosophy, suffer.

In the west, its brutality is disguised by adopting a phoney welfare state starved of cash.

Elsewhere, the guns roar!

He remains seated and is reflective.

SFX – *Sabahat Akkiraz – 'Haydar Haydar' the instrumental theme becomes increasingly loud and then quietens.*

The lights dim and the stage darkens as he turns his back to the audience

Scene 6

Abdullah turns around and faces the audience again.

Abdullah - The transferred anger of otherwise perfectly reasonable people, engulfs me!
Actors utter words of intolerance as they walk onto the stage and form a half circle in front of Abdullah.

1st Man - Bloody refugees. Economic migrants.
1st Woman - They come over here and take our jobs, under-cut our wages.
2nd Man - Our borders are open. There is no control.
2nd Woman - Many are Muslim. They have their own ways… Their own customs.
3rd Woman – They don't share western values.
3rd Man - They are all ignorant.
4th Woman - Some are terrorists. We don't know how many.
4th Man - All the men are sex maniacs.
Abdullah - *Steps forward and accusingly; looks directly at the audience.*

Rubbish! The truth: We are kinder to our dogs than we are to refugees, fleeing for their lives. We treat the homeless, who we see sleeping in the streets, with disdain. We blame them and not the class system that generates poverty and dependence, in many! *Blackout.*

Scene 7

A crowd enter the stage. Abdullah moves closer to see what's going on. The 4 women and 2 men quickly put on various items of clothing that indicate they are residents of the jungle. Scarves, blankets, too-large jackets, etc. They gather around two men who are well and warmly dressed. They argue with the refugees who are hoping to buy a place on their boat and be taken across the English Channel.

Nasreen – How can you expect us to pay that amount of money!
Smuggler 1 – Oh come on love! Everyone knows you hide jewellery inside your bra.
1ˢᵗ Woman – You disgust me!
1ˢᵗ Man – That's a flimsy looking boat… We'll never get there!
Smuggler 2 – It's up to you. No one is forcing you.
2ⁿᵈ Woman – Daylight robbery and we can't even swim.
Smuggler 2 – You'll have a life jacket!
2nd Man – What happens when we get to the other side then?
3ʳᵈ Woman – If we get to the other side!
Smuggler – You'll be on your own… So best to stick together.
4ᵗʰ Woman – You won't be with us?
Both People smugglers– *Lough coarsely.* Are you joking?
All refugees on stage, in unison – What!

Abdullah – *Mounts a makeshift stool.*

Listen…

On the other side of these waters, it is the same world… maybe even worse. Cross it and you will be carted off to a detention centre. That's if you are not swallowed up by those violent waves. We are all being fooled. It's all one big con.

Smuggler 1 – Ignore him… He doesn't know what he's talking about!

Abdullah –The only world we have is the one we are in now.

This is it. And this is where we must fight to be included.

Smuggler 2 – Yea… And pigs will fly!

Nasreen – Let the man have his say.

The Crowd – Ye… Ye… Let him!!

Abdullah – *Encouraged.* Fascism is on the rise; in the form of international capital… and it is dangerous. It is gaining ground, rapidly, throughout the world…We see it growing in the USA, in Europe, the Middle East. Divide and rule is the name of the game.

Today more than half of the world's population live in abslute poverty. Many, including millions of children, are starving just like we are. The rest take turns being wage slaves. One week, one month or one year without pay and they are forced to use food banks. They are turned out into the street, are left homeless if they can't pay the rent, the mortgage, if they don't toe the line… Bombed out of our homes, we are prisoners in an unjust world and focus our hope on a new life across that dark and dangerous sea.

The crowd cheers.

Abdullah – How many more people will we sacrifice to those merciless waves. And anyway, even if we do make it safely across the channel, we shall be carted off to Rwanda or some other place, depending on the whims of of those who rule at the time, on a one-way ticket. This is our reality!

The Crowd – Ye… Ye… Man…

Abdullah - It's time to fight back. Let 's not waste our hope on crossing the English Channel in a dinghy.

There is nothing better on the other side. It's an illusion!

Europe's rulers pretend to honour the human rights charter. But they are just paying lip service to it. None of them want us! None regard us as human beings.

The crowd listens in silence.

Abdullah – *Encouraged by the attention, continues* Let's stay and fight, right here, and news of our struggle will echo across the world.

Here, we can begin to create the world we want.

We must have hope for something different…

Hope that is greater than wanting to cross that channel.

Hope that forges change!

Change that will put food into the mouths of all the hungry.

Change that will provide a home for every family.

Change that will silence the guns in our countries.

Change that will end economic and political tyranny.

Our battleground is right here. So, stay! Let's fight together for our basic human rights.

There is a government here that ignores our existence. Why risk our lives to migrate to another place where, we know, the treatment will be worse?

Basic human rights is a charter Europe has signed up to… Let us demand that they honour their pledge.

People begin to gather around Abdullah. The people smugglers shuffle off stage.

Instrumental music of the song Haydar Haydar dominates the stage as the crowd freezes.

Curtain
End

2
More Jam for Omar

Characters

Omar – 67 years old Middle Eastern man.
Omar's mother - A ghost – 40 years old woman also middle eastern.
The Kindly Monk – 36-40 years old man.
The Priest – A man in his 50s.

Omar sits in a chair, centre stage. He is dressed in Palestinian traditional attire.

Omar: 'Oh Britannia, Britannia, marmalade and jam!' *Smiles.*
So chanted the men and women.
On the coach that took us to rural Sussex.
We were a rambling group on our way to a pre-planned trek across the woods and meadows of 'This blessed plot, this earth, this realm...'
Reflective.
Much as I love England, I am as lonely here as I was in Al Iskandariyah.
Fast delivery
The trauma of being trapped beneath the rubble for 36 hours
Stays with me like a film on continuous re-play.

We had just a few seconds to scurry to a safe place.
There was nowhere safe.
My mother pushed me under the staircase Believing it was safer there.
She was making marmalade with the bitter oranges
From the tree that stood in our courtyard
Lush with fruit.
Below it, was the well from which we drew our water.
She ran to get the others
There were a lot of us
Nine all together.

My father was at the breakfast table.
He was deaf and didn't hear the commotion.
He only noticed my mother's frenzied movements and asked what was wrong
Just when the first bomb fell.

'Your mother is my ears' he always said.
He watched her actions
To determine whether anything was serious or
critical.

This was critical.

She was too busy trying to rescue other lives,
didn't have time to tell him.
He would have understood from the way she was acting
But he didn't have time either.
The first shells came too soon

And claimed him.

The dust still sticks in my throat.
I don't know what happened after that

Apparently
When more bombs fell
Only I survived.

The Red Cross pulled me out of the rubble
My face covered with dust
My legs trapped under a concrete slab.

I am Omar
Born in Palestine
Brought up by Jesuits in Egypt.
I was fed, educated, and abused.

I escaped to London
Numbers need less language, so I went with those.
Became an accountant.

I am Omar
Of Muslim persuasion
The monks couldn't change that.

In Egypt, I loved waking up
To the sound of Ezan,
The call to prayer.
I didn't like the sound of bells

Except when they were harmonised
As they were on Sundays.

Reflective
Now, I remember all.
I can see my mother
Reciting prayers
As she washed and dressed us,
Cooked and fed us.
She sang so we could go to sleep

The songs she sang
Reflected her will to interpret religion freely
Not as a constraining dogma but as a template
Within which a believer
Lived
Ethically.

A woman sings only the first and third sections- translation will en-hance audience involvement.
Instrumental music of the song is played before she starts singing.
The lights are dimmed.

'Ben melanet hırkasını, kendim giydim eğnime
Arı-namus şişesini taşa çaldım, kime ne
Ah ! Haydar, Haydar..
Taşa caldım kime ne!

Kah çıkarım gök yüzüne

Seyrederim alemi
Kah inerim yer yüzüne, alem seyreder beni
Ah! Haydar Haydar, alem seyreder beni

Kah giderim medreseye, hu çekerim Hak için
Kah giderim meyhaneye, dem çekerim zevk için
Ah! Haydar, Dem çekerim zevk için.

The English translation of the lyrics is reflected on a screen at back of stage.
'I am nothing more than a sinner whatever that may mean.
And you know, I don't really care.'
'Sometimes I go to the madrasa, the school, and pray for God
And sometimes I go to a bar and have a drink for pleasure.'

Omar remains silent throughout the song.

My mother
Had a beautiful voice
Untrained but pure…
Filled with love.
I was in Seville recently
Where the wild orange trees
Lush with bitter oranges
Line the streets and fill people's gardens.

It wasn't yet spring
But I could smell them as if it were

White flowers

adorning the ripe fruit
Like a bride's veil
The air heady, intoxicating

It was that same perfume
That made me pause
When on spring days I entered the courtyard
Of our humble house in
Deir Yassin
A village, on the outskirts of Jerusalem.
But most of all
They reminded me
Of the marmalade and jam
My mother made
With the wild oranges
from the tree that stood in our enclosed,
Muslim style, courtyard

Moments before she was buried beneath the rubble
She offered me a taste of the jam
On the tip of the wooden spoon, she always used
To stir the sugary juice
Until it solidified.

'Is it nice?' She would ask,
smiling.
I missed her then
I still do… I miss them all.

I have a special relationship with jam now
It connects me to my mother, of course
But when my sugar level falls
Below the lower limit
It is jam I reach for
A teaspoonful of jam.

I, am Omar
I live in London
A man lost in himself.

Until a few months ago
A picture of the Royal Family
Hung prominently on the wall of my flat
I defended them
Their anachronistic existence.

I am lonely of course
And engage in things
that keep me isolated.
Even when I am in a crowd
Such as going on a trek
With the rambling group.
I am alone.

I was on one of those trips, recently

Nothing had changed. We just got older.
'Oh Britannia, Britannia, marmalade and jam'
Chanted the ramblers, on the coach

that took us to our starting point
In rural Sussex.

Reflecting. At the time,
I was young, quiet, and shy
They were boisterous English men and women
From south London
Members of an institute I once attended

I can't remember its name.

When I first arrived
I joined the institute
To learn English and Accounting
I was good at maths.
It was the 1960s
A time when the young
were renewing their lore
A patriotic song was ridiculed, parodied

They no longer chanted
'Hail Britannia, Britannia rules the waves.'

I still don't know the lyrics to that song.
I prefer the melody, the kindness
Of 'Auld Lang Syne…
something'…
A trill of this sound can be heard in the background.

I am Omar

Twice raped!

Once when my parents and my brothers
All eight of them
Were wiped out under our own roof
In an ancient village called Deir Yassin
in Palestine
To make room for a state that would ease
The fascists' guilt

Angry
The second was when the monks
Pulled me out, from beneath the rubble
Took me under their wings
And their all-embracing cloaks

Long pause, remembering

When the Monk came the first time
I kept counting …
500
600
700
a thousand….

more…
He took his time.

Sunday nights I was spared
On Sundays the act was a sin
Of course, it was always a sin
But apparently 'much less sin'
Then on the days
When the bells chimed on the hour
And the rest of the monks
Went about their business
In deafening silence.

As an afterthought
Oh, I was well looked after
Almost spoiled really
Enough food
Time for play
Books to read
The days were fine.

But
When the hour struck ten
And the last call for prayer sounded
On the minarets of nearby mosques
In Al Iskenderia

Alexandria to some

A trill of the call for prayer to be sounded at this point ending with the sounds of drums.
Pleasure turned to terror

Terror raged in my child's body

I am still raging.

Fast delivery
I liked one of them
But with all his kindness
He was unable to make up
For my lost childhood.

A slave boy
Assigned to pleasing the monks
Who devoted their lives to
Godliness by daylight
…And on Sundays.

Then came Faruk
 Poor, innocent Faruk

Another Palestinian
Dragged out of the rubble.
I told them I wasn't playing any more… Ever again
I threatened to tell, to report them.
They decided that it was time
For me to learn some 'independent living skills'
They found a flat where I could live
A halfway house near the monastery.
Smiling cynically
I told the priest…
I told him everything
He said… *Laughs*
He said it was the devil's work.

The lights dim. Omar fades out. The Priest is spotlighted.
The Priest - Maybe it was what you wanted to happen…Built it up in your fantasy…
It happens!
When the body changes from child to man
The imagination plays tricks on you
Like the little people.

Pause.

You know my child; it is a sin to lie.

The lights dim then fade out on the Priest. Omar is under the spotlight.

Omar – He then changed the subject

Asked about my studies
Meanwhile
Little Faruk was initiated to the world of
Caring and rearing by day
And pleasing the monks by night.

Pause.
I decided to escape to London
With the help of a kindly Jesuit
I settled at the YMCA in Greenwich.
The lights fade out and the kindly Jesuit is spotlighted

The Kindly Monk - *Spotlighted.*
You can claim asylum, you know.
'You are a Palestinian, from Dier Yassin.
Your people are all dead.
There was a massacre back in 1948 when you were still a little boy.
Then the exodus started.
Eight hundred thousand villagers
East of Jerusalem
left their homes and crossed the border
To relative safety.

Ironically
The village houses a health care centre
Offering support and treatment
To holocaust survivors,
And the women from Dier Yassin
Who lost their minds

While being raped
And witnessing the slaughter of their children.

The lights fade out and Omar is spotlighted.

Omar - *Outraged.*
All these years, I didn't know
I was 'from an orphanage,' they said.
And indeed, I was
But not from the orphanage in Alexandria.
No…
The one in East Jerusalem
The home of a worthy lady.
The lights fade out and the kindly Jesuit is spotlighted.

The Kindly Monk- Orphaned survivors from Deir Yassin
Were left at the entrance of her father's estate
She took you in and cared for you as best she could…
She was overwhelmed.
Smiles bitterly.
'Religious people would surely look after the children well
No matter that they are Christian,' she must have thought
In good faith, she entrusted some of you
To us, the Jesuits, even though
We were based in Al-Iskenderia.

The lights fade out and Omar is spotlighted

Omar - *Still raging.*

The monks did not tell me who I was
Nor what had happened at Deir Yassin.

They omitted to say that my parents
And
All my brothers and sisters
Were buried under the rubble of our house

They did not talk about the massacre at Dier Yassin
On the 9th of April 1948.

Nor did they talk about the 'Nakba'
The 'Catastrophe'
The outward stampede
After the Deir Yassin massacre.

The lights fade out and the kindly Jesuit is spotlighted

The Kindly Monk - *Fast delivery.*
The villagers in the surrounding areas
Heard about the Zionist atrocities
They didn't want to be
Murdered
Raped
and
More

So…
They decided to leave Palestine, in droves.

The lights fade out and the ghost of Omar's mother dressed in white enters the stage and is spotlighted.

Omar's mother (a ghost) - *Silently stares at the audience as distant blurred images appear, reappear, then crystallize in her mind.*

It was still dark when the shells started falling.
Earlier that morning, there had been fighting in the streets.
Fellow villagers, though poorly armed,
Held out so that the Irgun and the Stern Gang
Two Zionist organisations,
could not advance.

The gunfire had ceased by mid-morning
I was relieved but we stayed indoors, just in case
Then, the first bomb landed
On the bitter orange tree
The second fell on our roof.

The lights fade out and Omar is spotlighted.

Omar - *Still angry.*
For years
Afraid of what I might discover
I didn't try to find out.
On the search engine of my laptop
I typed out Deir Yassin:
It poured out the details
And I
Remembered everything

The image of the information below, is reflected on a screen on the back panel of the stage.

'When seventeen professional soldiers of the 'Palmach',
The elite fighters of the 'Haganah'
The main Jewish military force, were brought in
The village fell within the hour.

They used 52mm explosives to conquer Deir Yassin.
When the so called, 'professional' soldiers withdrew
The terrorist group went on a rampage.
Zionism dates to the 1880s.

The lights fade out and the kindly Jesuit is spotlighted.

The Kindly Monk -
It took them two days to clean up the village
The quarry, which provided the stones
To build houses at Deir Yassin and elsewhere,
Became the burial ground
For a quarter of its people.
Pause.
The leader of the Irgun
At a tea party organised for the press
And the Red Cross
Bragged about having killed 254 "dissidents"
Only 650 people inhabited Deir Yassin.
'We cleared the dissenting Arabs, house by house'
They boasted.

The light fades out. Omar is spotlighted
Omar - Eight hundred thousand Palestinians
From the neighbouring villages
Left their homes and land
Lest they meet with the same catastrophe
As the inhabitants of Deir Yassin.
78% of historical Palestine
was now clear of its
Palestinian inhabitants.

The lights fade out. The kindly Jesuit is spotlighted.

The Kindly Monk - *Spotlighted.*
The survivors of Deir Yassin
were herded into the school building
They would have been killed
but for the intervention of the inhabitants of
the Givat Shaul settlement
A nearby village, populated by migrants
From Eastern Europe,
Long before the holocaust.
The villagers of Givat Shaul
May have fought with their Palestinian neighbours
Over land and other things
But killing was never in their plan
Nor is it supported by 'the good book' of Judaism. *Pause.*
Zionism dates to the 1880s.

The lights fade out. Omar is spotlighted.
Omar - *Fast delivery.*
When American politicians
visit the most famous holocaust institution
At Yad Vashem
And they do so frequently
They look over the valley to the north
And mouth the words, 'Never Forget'.
Hypocritically
They look directly at Deir Yassin
But ignore the single most memorable tragedy
Of 20th century Palestinian history that multiplied
in years to come.

There, innocent Palestinians
Men, women, children and the elderly
Were bombed out of their homes
Shot dead at point-blank range
Mutilated bodies were burned over two days
There were rapes
And genital mutilation, too.

Long pause while music plays

Life in London was ok
At the institute I joined
a rambling group,
Took trips to the countryside
Every Sunday.

On the pre-planned trek
The ramblers chattered among themselves.
And sang songs throughout the coach journey
To and from our starting point.

They ate hungrily
Drank too much at the various pubs where we stopped
and seemed to be having fun.

On the coach,
I sat at the back
On a two-seater
On my own.

Occasionally, they asked me
To remind them of my name,
apologising for their forgetfulness.
Other than that
I remained invisible.

Fifty odd years later
I am still sitting on my own
on a two-seater,
on the back of a a twenty-first century coach.
The only difference is
I now wear my traditional clothes
To make a statement
To declare that I, am a survivor of Deir Yassin.

I am Omar.

Right now, I am watching another attack on the Gaza strip
Palestine is no more
There are only pockets of land where Palestinians live
The West has made a pact with silence
America tells the people of Gaza to stop shelling the 'settlements'
And maybe they should
But they tell them this
As the bombs fall on their roofs
The contradiction is stark, abusive…
and
In between the collapsed layers of concrete slabs
The dead, rise.
150
350
570
 700
      A thousand…

I stop listening
Beyond several hundreds more
Mission completed
the Zionists cheer
And the West have a new market
To sell their goods and their know-how
Consultants
    Engineers
        Building materials
            Processed food for the homeless and the bereaved.

       Cars for the war time sharks
          who can afford it
             More weapons for
               regional wars
Pause.

And so, turns the wheel of fortune, 'kismet'
For the Palestinians.

I am Omar.

In London,
I wear my traditional clothes to make a statement
I am a Palestinian
One of the forsaken people of a world
that fornicates with itself

Arise, people of Palestine
You, my people— fight back.
You have nothing to lose
They have left us with nothing.

(1) The Giva Shaul inhabitants faced down the terrorists and demanded that the survivors of Dier Yassin be freed to flee to eastern Jerusalem.
Like many others in the state of Israel, they knew that wiping out the indigenous population was not in keeping with the spirit of Judaism. They may have fought with their neighbours, but they never planned to systematically destroy them.

3
Free to be Imprisoned
(Ali Mustafa)

A cell in Guantanamo-Bay military prison. The lighting marks the boundaries of the cell. Ali is in solitary confinement and on a hunger strike.

SFX - *Nazim Hikmet's poem can be heard while Ali sits on a stool, alone in the dark.*

You may declare that one must live
Not as a tool, a number, or a link
But as a human being.
Then at once they handcuff your wrists
You are free to be arrested, imprisoned
and even hanged.[1]

SFX - *Lyrics - Sabahattin Ali - Prison song - Instrumental*

Slowly raising his head, he reads a newspaper headline about the hunger strike at Guantanamo Bay military prison.

Ali - 'Emaciated and frail, more than a hundred men lie on concrete floors in freezing, solitary cells in Guantánamo, silently starving themselves to death.' *Pause.*

---

1 Nazim Hikmet —Bütün Şiirleri — Bir Hazin Hürriyet (1951), Yapı kredi yayınları-pp955.

Apparently, these are the headlines of most newspapers in Europe and America... At long last, that 'civilised' world is aware of the atrocities carried out in the name of democracy and freedom here at Guantanamo Bay, a place that mirrors hell for 700 innocent prisoners.

I am one of these men. *Pause, then wearily continues.* I haven't the energy to celebrate.

Looks at and speaks directly to the audience. We are stripped of all possessions, denied even basics such as a sleeping mat or soap. We lie in solitary cells, semi-conscious. Guards periodically bang on the steel doors and shout at us to move an arm or a leg to prove we are still alive. They shout at me. I don't move. I am not a puppet. I am not starving myself to this state for nothing.

Stands centre stage. We are striking because we are fed up with the cruel and disrespectful way in which we, our faith, and our copies of the Quran are treated by the soldiers here.

SFX - *Prison song (instrumental).*

Ali walks around the cell, conveying its small dimensions, stretching his body, and groaning with pain. He then stops and stands centre stage. My family suffered badly for the decisions I took, I know this. But at the same time, I have no regrets. In this military prison I witness freedom being raped and cannot sit back and wait for my release— that may or may not be granted.

Takes in all the audience with a sweeping glance. I am Ali Mustafa, an ordinary man, devoted to my wife and children, my extended kin. I am also a devout Muslim.

Before, I tended to challenge the orthodox interpretation of Muslim rules, thinking them too strict. I prayed but as a ritual, without understanding, without really believing.

Sits. Here at Guantanamo, I am a changed man. I feel I understand my religion, its peaceful teachings and profound spiritualism. It brings comfort to my soul. I believe in it fervently.

After all, I have had thirteen years to reflect on it.

Ali seems to have had a new thought, and he becomes angrier as he speaks. Most of us imprisoned here were arrested around the borders of Pakistan and Afghanistan.

We were sold to America for $3000 each. There are around 700 of us at Guantanamo. Three thousand times 700 makes just over two million dollars.

For two million dollars, 700 people were handed over to America and brought to this place used as a training ground for interrogators.

700 innocent people are held here,

without charge,

without trial,

Looks at the audience accusingly and gestures at no one in particular.

while the world watches.

Our families staked everything! First, to find out where we are, and then to engage lawyers to prove our innocence. *Pauses for breath*

But it is a slow process, and we suffer. *Sits.*

Our cells are routinely raided, often in the middle of night. We are brutally beaten up, on vague pretexts. It is unacceptable. Our bodies are theirs to do as they will. Our beards are cut any which way and made fun of. During these raids, our copies of the Quran, the only books we are allowed to have here, are searched and fouled. *Shows disdain* Women soldiers dance provocatively before us, throughout the month of Ramadan, the holy month of fasting. The behaviour of the guards reflects what they feel. When they look at us, they see two towers coming down in flames and they cannot— will not— accept that we had nothing to do with that horror.

Stands up straight again, becomes angry.

At first, determined to survive, we reacted by banging on the metal doors and shouting. *Hits imaginary door with fists.* Bang, bang, bang, bang, bang! fiercely, monotonously, the sounds, unnerving.

Later, we became more proactive:

We asked the chaplain to take our copies of the Quran – *aside* – their show piece; proof that their treatment of the inmates is humane – and send them back to Mecca where they would be treated with the respect and reverence they deserved.

The poor man had no choice but to collect them.

Soon afterwards the officer in charge paid us one of his rare visits. Unusually, he seemed willing to negotiate. We agreed to take back our copies of the holy book on condition that they would not be searched, and our cells would not be raided in the middle of night.

Sits and scratches his beard. This was a significant victory, but it didn't last. The regime changed and the brutality returned, harsher than ever.

Sighs So we decided to go on a hunger strike. Not an easy decision but one that was made by a significant number of prisoners, as well as all of us rebels, here in these solitary cells.

The clinic is full of starving men. An army of paramedics has been drafted in to deal with the hunger strike. 'Dealing' means force feeding. *Demonstrates the following as he speaks:* They force a tube up our nostrils, stuff some food down it, then pull the tube back out again. The pain— during and after this 'procedure' is indescribable.

I am weak and… only human. Of course, I cry, *pause* often, but I don't let them see me crying. I wouldn't give them the satisfaction.

SFX - *Prison song is played as Ali is still seated on a stool.*

Teams of interrogators come and go every six months, asking the same stupid questions.

Often, I just sit there silent, unresponsive, till they are finally bored and leave. The more sadistic ones will turn up the air conditioning to the max, and leave me there, sometimes for as long as 36 hours, shackled and unable to sleep. *Remembering the cold, he breathes deeply as if having an asthma attack.*

When they bring me back to my cell, my fellow prisoners greet me with a song we learnt together and which we sing to welcome back those returning from long interrogations. It is heart-warming.

English translation of the song to be reflected on a screen at back of stage.

SFX - *Prison song music.*

All prisoners sing out the words.

Dertlerim kalktıkca şaha

Bir sitem gönder Allaha

Gelecek günler var daha

Aldırma gönül aldırma

Gönül aldırma.[2]

LX - *Fade to grey.*

SFX - *Call to prayer.*

Ali is seated in a praying position finishing off the Early Morning Prayer.

Praying breaks up the day, gives it some structure, especially when we are placed in solitary confinement. *Counts imaginary worry beads on five fingers as he remains in sitting position.*

---

[2] If your troubles become overwhelming / Send a word, a protest to Allah / Fret not, dearest / Better days are on their way

Being allowed to exercise in pairs was another small victory—but it was a lifesaver for us. Just to be able to talk to another person makes you feel less insane.

Talking to yourself in a solitary cell can get boring. Instead, I sing those melancholy Anatolian songs that remind me of other woes, other troubles in a faraway country I call mine. *Gestures to a spot in the distance as the music to the song he will sing plays for a few seconds.* And for a while, I can forget my own sorrows.

Yes, in my tuneless, croaking voice, I sing.

SFX - *Saz intro.*

Rises onto his knees as the saz plays the overture; mimics the tune and starts to sing while he struggles to stand up.

Saza niye gelmedin, söze niye gelmedin

Gündüz belli işin var, gece niye gelmedin

Üç gün geçti, beş gün geçti, aylar oldu gelmedin.

Geçen Cuma gelecektin, aylar oldu gelmedin.[3]

SFX - *The overture plays for a few more seconds. He attempts a dance as he sings.*

Çaldığın saza mı yanam, ettiğin naza mı yanam,

Alam yarim koynuma, kış yatam yaz uyanam. *Holds out his arms and embraces the woman he imagines he is dancing with; turns his back to the audience, his hand over his own shoulder and dances and he sings.*

Üç gün geçti, beş gün geçti, aylar oldu gelmedin,

geçen Cuma gelecektin, haftalardir gelmedin.

---

3 It's been a while since you joined our musical evenings./ You stay away for too long! / I miss you, your saz playing. / A night with you should be as long as a season, I know!

Stops and holds his head.

Hunger makes me feel dizzy. But I must carry on. The world must know what is going on at Guantanamo prison of U S and A. *Sits down, clearly tired and dizzy.*

SFX -*Instrumental prison song plays, volume rises and falls.*

Funny… On the walls of the interrogation room, there are pictures that show the US military in Afghanistan handing out bags of food to children, women, and the elderly. These photos display a merciful and compassionate army. One of them features military nurses vaccinating the children and distributing medicines. The pictures boast of the Americans' compassion and humanity.

Tries to stand up, with difficulty; then gaining strength from his anger, he stands erect and defiant.

When I am being interrogated, I can't help but wonder what happened to those qualities. Have they been plucked from the hearts of these soldiers before they come to this camp at Guantanamo Bay?

What I cannot understand is how they are able to withstand our cries for compassion… And indeed, we do cry out for mercy when in pain… The hardiest prisoners cannot claim that they do not.

Beat.

How can a person who subjects another to sleepless nights and the biting cold find the peace to rest comfortably in his own bed.

How can he continue to live a normal life with our cries ringing in his ears?

How can he turn in his bed to find a more comfortable position or lean back in his seat to relax when he has just restricted the movement of another human being by shackling his hands and feet to a chair and leaving him in one painful position for hours on end, in a cold room?

Does such a person not feel guilty? And if he doesn't, is he human? Can he feel?

SFX - *Soldiers' footsteps.*

Ali falls to his knees.

I hear footsteps. It is time for them to force-feed me. *Panics* They won't let me live in peace! They won't let me die in peace! *Asthmatic wheeze and then Ali shuts his eyes briefly.*

May Allah help me in my determination to get through it one more time!

The palms of his hands are turned up as in prayer. He recites the verse that pledges allegiance to God. As he says the words, the fear on his face changes to resigned calm.

SFX - *Lights fade to black. In the dark he can be heard praying.*

Eshedu en la ilahe illalhe illalah ve eshedu enne Mohammed en Abduhu ve resuluhu.

End

'Free To Be Imprisoned' was performed by the writer himself at the Arcola Theatre in London in July 2014. It was staged as part of the show 'Misbehaving' directed by Alison Goldie. It was then transferred to The LOST Theatre in South London where it featured as part of the solo theatre festival, organised by Colin Weakly.

4
SECRETS

Like Mother, Like Son

Based on the trilogy, 'Pantelis' by K Altan

Characters

Pantelis – Son of Sofronia and Fehim, 50-55 years old.

Sofronia – Fehim's lover and mother of Andreas, Sotiris and Pantelis, 40 – 45 years old; aged in the later scenes to 80+.

Child Pantelis -Mid teens.

Fehim - Sofronia's lover and Pantelis's father, 75- 80 years old.

Aunt Maria – Sofronia's younger sister – younger than Sofronia in the early scenes around 38. In the later scenes; around 70-75 years old.

Stavris – Sofronia's employer, 45-50 years old.

Vasos – Master builder, Pantelis's employer, 45-50 years old.

Andreas - Sofronia's older son, 17-19 years old.

Sotiris – Sofronia's middle son, 12-15 years old.

Polyxeni - Sofronia's carer, 28-32 years old.

Stelios – Teenager who attacks Pantelis 17-19 years old.

Yorgos – Teenager who attacks Pantelis 17-19 years old.

Yakoumis – Older man who tries to scare away Pantelis's attackers 70-75 years old.

Costakis – Innkeeper; dances the sirto with Stavris 45-50 years old.

Chorus - 4 young women and 4 young men, 20-25 years of age; also act as stagehands.

Act 1
Scene 1

Gradually brightening spotlight reveals a pub.

Sofronia's ghost sits at the far edge of the stage. She wears a simple black dress and a black head scarf. Her face is ashen. She looks down at her feet, impassively.
The spotlight follows Pantelis as he walks into the pub, nonchalantly singing / humming a tune about missing a loved one.

Pantelis –
Gözüm yolda gönlüm darda
Ya kendin gel ya da haber yolla
Duyarım yazmışsın iki satır mektup
Vermişsin trene halini unutup
Kara tren gecikir....
Belki ... hiç... gelmez....
Dağ... lar...[4]

Ah, you are here again! How nice. Tell me mother, how does a woman who has never been to the UK manage to find herself in Hackney in the corner of my favourite pub?

Pause.

---

[4] A Turkish song about displacement and separation.

Ah … I know! Unfinished business…

You know, there is a poem about unfinished business. I forget who wrote it… He had a way with words. Let me misquote him to you…

'Closer than my thoughts, the dead
woman
Hangs around my neck
But never close enough
To be touched or thanked even
For being all that remains
in my world, smashed!'
Pause.

I loved you, mother, but as you know I also wanted to know my father. Whenever I asked about him, you put on your stern mother's mask and drew the line.

'Never mind your father, you said, 'he is not here.' Well, we knew he wasn't there mother. There was no need to state the obvious…

The light on Sofronia fades.

Act 1
Scene 2

Pantelis stands centre stage.

Pantelis- She loved me best. I was her little mite, her hope for the future, the light that guided her through difficult times. I can see her now... moving there by the wall, next to the makeshift stove, not far from the goats and the donkey. Oh... It is so long ago, and she is calling me:

Sofronia – *Spotlighted.* Panteli, bring me the matches.

Child Pantelis -*Spotlighted.* Where are they, mama?

Sofronia - By the stove in the kitchen, where else?

Child Pantelis - Not there...

Sofronia – *Frowning.* What do you mean, not there! On the table by the stove...

Child Pantelis - *Smiling mischievously.* I can't see any matches.

Sofronia - *Detects the mischievous smile.* Don't waste my time. Can't you see I am busy? I must do the washing, milk the goat, find wood for the fire and then go to work. I am late already. Stavris will be furious.

Little Pantelis picks up the matches and takes them to his mum. Sofronia is waiting, one hand on her waist, ready to have a go. He reaches out – oh so difficult - and gives her the matches. She kneels and takes him in her arms.

Sofronia - *Oh, yioudi mou, do yioudi mou, my little boy...* Come on, give mummy a hug, a kiss. Tell me, do you know how much mummy loves you?

Child Pantelis - *Arms stretched.* This much!

Sofronia - *Smiles. Then her smile freezes.* And how much do you love mummy?

Child Pantelis - *Arms stretched.* This much!

Sofronia - *Exaggerated pretence of chiding.* Only that much?

Child Pantelis – *Shouting.* As much as the sea and the mountains.

Sofronia – *Smiling.* Do you know what the sea looks like?

Child Pantelis - *Wincing, points to the mountains he knows well and shouts.* As much as the mountains.

Sofronia - *Looks afar with a pained expression.* Oh Panteli mou…

They embrace and freeze, then break apart.

Sofronia - Go on inside… It's cold!

The light fades on Sofronia, who continues to wring out and hang up the washing on the clothesline. Pantelis walks to centre stage, and Sofronia freezes.

Act 1
Scene 3

Pantelis - *Spotlighted* She loved me best. I had fair hair and light skin. I still do. And she thought I would bring her good luck, become rich and make her a *'hanoumissa'*, a *'noikokyra'* …a real lady of leisure. Set her up in a modern house so that she no longer had to work, nor care what folk said about her.

Pause.

I did not disappoint her in that… In London I worked long hours and saved all I could. I was careful with my money. People at work teased me about being 'tight', but I didn't care.

Pause.

I was just ten years old when I started working on a building site. The maestro was a hard man.

The lights dim on Pantelis. Vasos enters the stage and is spotlighted.

Act 1

Scene 4

Vasos - Are we daydreaming again? What was I thinking when I took you on! At this rate we won't build a chicken pen never mind a house. Come on Pantelis, move yourself.

Child Pantelis - I am trying maestro. I am sorry but I can't keep up with you. You are too fast.

He gestures to show his frustration and then goes quiet.

Vasos – *Exasperated*. Ok… Rest a bit then. I'll prepare the bonding. At this rate, you will never make it as a builder Panteleimon. You better save as much of your money as you can, or you'll starve!

The light dims on both and they exit the stage. Adult Pantelis continues the story.

Act 1

Scene 5

Back in the pub in Hackney.

Pantelis - He was right really. I wasn't any use to him. A skinny, undernourished child. But I got faster; and I am very good at my job. In fact, I am now a maestro!

He reflects for a bit and a pained expression sweeps over his face. But he, Vasos, well, he was a bit strange. *pause* But, that's another story.

After a short pause he changes the subject and addresses the ghost of his mother who is no longer there.

I loved the times we spent together when I was older, especially on the holidays when I came from England to see you. You were strong; you were healthy for a long time. That was good.

Smiles.

You never stopped talking... Do you remember? I recorded every word you uttered, even though I knew it would be too sad to listen to again.

Blackout.

Act 1
Scene 6

A glimpse at Easter celebrations.

Festive decorations and musicians on stage. The violinist plays the Sirto music.

Two men dance. They hold up handkerchiefs for each other as they twirl around.

When the first man jumps up and slaps his foot with his right hand the women and men standing in a circle shout out: Hoppa.[5]

Then the two men join the circle, and dance to the tune of 'Adanalı'.

One man sings out the words in both Greek and Turkish...

Sofronia, goddess-like, dances alone. They cheer and she flirts with the men.

Stavris - Oh! Sofronia *Khanum*,[6] you have a cold heart!

Sofronia - Cold heart, yes but warm hands, Stavri!

Stavris - For me?

Sofronia – Yes, for you, *agapi mou*[7]... But then, I say that to all the men I meet.

Aside our village routers will confirm that too readily as we know.

---
5 Hoppa - let's go (my friends).
6 Khanum – Lady (a Turkish word).
7 My love - (A Greek word).

Costakis - For me too?

Sofronia - *Laughs* For you too, if you can manage it!

Costakis - *loughs coarsely* Sofronia *mou*, we can only find out if we try... Hoppa!

Spotlighted, Sofronia grimaces, showing her disgust, and walks centre stage to face the audience. The cast freezes as the light dims.

Sofronia - I no longer care what people say... I don't give a hoot. *Pause* When he had money, he set me up as a *hanumissa*,[8] renovated the cottage, built an indoor bathroom and toilet and provided me a small yard so that I could plant trees and flowers. I even had a gas stove and an electric oven. Oh! I was the envy of the village!

In time they came to accept me as I am. A worldly, independent woman, unconcerned with gossip and tittle-tattle. I live my life to the full. I laugh at their so-called principles. Hypocrites! They hide their illicit liaisons under the cover of the night! *Poutanes*... Hah!

Looks straight at the audience making eye contact. Most of them do it. At least, I do what I do openly...

The stage brightens. She skips over to join the singers frozen on stage and they dance another round while Stavris circles the stage, imitating the walk of Adanali, jacket slung over his shoulders, arms free, a cigarette in hand. The whole cast exit the stage dancing. Blackout.

Act 1
Scene 7

Sofronia and Sotiris, Pantelis's younger step brother, are in the yard. They chat as Sofronia stirs the food that's cooking on the makeshift stove.

Andreas, Pantelis's older brother enters the stage carrying a suitcase. He is angry.

Sofronia - Are you hungry, Sotiri mou? The soup will be ready soon and once I add in the fried haloumi cheese, it will be even more delicious! Mmm...

She notices Andreas with his suitcase, her eyes are quizzical, alarmed.

Andreas – There is no choice. We must leave this village.

Sofronia – But why? Why do we care about what people say?

Sotiris – How can we not care, mummy... People talk. *Pause.* They call us names. ... We are ashamed.

Andreas - You can't blame them really... it's obvious isn't it... He doesn't look like us.

Sofronia - What nonsense! Must all brothers look alike? People are different... It is God's making.

Andreas - *Mama*... we know... Please understand. It's impossible for us to live here now! *Pause* You don't have to worry about us. We'll be all right. We both have jobs... I rented a place in town. An unused shop in one of the back streets, a room to share. It's enough for now...

Sofronia looks distressed.

Sotiris - You can visit … She can, can't she? Bring some of your delicious food or make some there when you visit!

Andreas - Of course…Of course you can visit… I will send you the address. I can't remember it now. *Pause* Well… good-bye, mother…

Sotiris - Good-bye, mummy. I love you.

Sofronia - *Sobbing* Good-bye, my darlings… you would have left one day anyway, flown the nest. But not like this. I love you both. *To the older boy* Andreas, look after your brother… He is too young to leave home. I will come soon, my darlings.

She tries to hug Andreas, but he pulls away. She hugs the younger boy. They stay still for a while.

Black out.

Brothers exit.

Act 1
Scene 8

Tableau 1

Pantelis is on his way back from the village café / grocery shop when he is attacked by two youngsters, Stelios and Giorgos. He is carrying a few groceries, which spill out of his shopping bag—a bag stitched together by Sofronia from odd bits of material. A passer-by, Yakoumis, tries to protect him, in vain.

Stelios - Panteli, *O papa sou, pios einai? Do 'xeris?*

(Who is your old man… Do you know?) *To be reflected on the screen.*

Yakoumis - Leave him alone … The boy has nothing to do with it.

Giorgos - *Kicks Pantelis* You son of a Muslim… *Turkosporos… bastardos!*

Yakoumis - Get off… Leave him alone!

The two boys beat and kick Pantelis for several minutes as the lights flash on and off. Yakoumis threatens them with his walking stick. They then run off the stage.

Blackout.

Both actors exit the stage Child Pantelis remains on stage.

Act 1
Scene 9

Aunt Maria is just leaving Sofronia's house. She meets Pantelis at the gate.

Pantelis - Oh *thea*! why are you in such a hurry?

Aunt Maria - I called on your mama. She is going to the bazaar downtown tomorrow so I brought the few pieces of embroidery I managed to finish; for her to sell if she can. Your uncle, bless him, has made *kleftiko*. I brought some for you and some for Andreas and Sotiris. I am sure your mama will see them tomorrow when she goes into town. How are you?

Young Pantelis - The same... as always. *Pause.* My brothers haven't visited us since they left, have they Auntie... isn't that strange!

Aunt Maria - *Sosta*... You are right, Panteli mou. Nothing we can do about it. Credit to your mum though. She never abandoned them. Half of the things she carries to the bazaar are for them. Despite that, they never bother to visit or help her in any way.

It's the way of the world I guess! Di na kanomen!

Young Pantelis - I wouldn't recognise them if I saw them... isn't that sad!

Aunt Maria - You were still a toddler when they left, Panteleimon. Growing up without a father is not easy. You all suffered. Your mama most of all.

Young Pantelis - Maybe they had no choice but to run away. Now it's my turn. I am afraid I, too, must leave!

Aunt Maria – *Surprised and agitated* What do you mean, you must leave too? You are still a child!

Pantelis – Don't worry, *thea*. I won't forget to write…Go now. My uncle will soon need his coffee and lord help you if it's not on the table when he calls for it!

Sends kisses. I love you.

Aunt Maria – You are joking, aren't you? You had me worried, you rascal.

Young Pantelis – I'll call on you before I leave. Mmm.. Ah kisses for now.

Aunt Maria - Bye, bye, you silly boy.

Act 1
Scene 10

Pantelis enters the courtyard where Sofronia is busy hanging out the washing.

Young Pantelis – My brothers left home in a flash and never came back. Why so, mama?

Sofronia - Your brothers have moved on. They must be too busy to visit, I guess… I have you, Panteli mou. When you grow up, you will be a good man… You are working, earning money already. I am so proud of you…

Young Pantelis - Why do you think they left, mama? Why don't they come to see us?

Sofronia - Who knows, Panteli *mou*… They are young men. They like to go out, to meet their friends. I don't really know what they get up to… maybe with their work they don't have time …

Young Pantelis - People talk, mama… *do xeris? 'Do you know?' is reflected on screen.*

Sofronia - People talk… They talk… Let them talk! What do they know?

Young Pantelis – Where is my father? Or, rather, who is he?

Sofronia - Never mind your father. He is not here… Hurry up… Eat your breakfast. You'll be late for work.

Young Pantelis – 'You'll be late for work… You'll be late for work.'… You never give a straight answer… I am going. You can give the breakfast to the dog!

Sofronia - Don't forget your lunch…

Young Pantelis - You can give that to the dog too.

Sofronia - Don't be so rude and ungrateful or God will strike you down…

Young Pantelis - *Grunts.* Isn't he a bit late for that?

Looks up. If he is in the habit of keeping an eye on things how come he didn't strike both of us down before I was born?

Sofronia - God forgive you, son. Don't blaspheme. Here, take this. *Pantelis refuses it.*

You'll be hungry tonight… I'll tell Vasos not to share his lunch with you in future.

Young Pantelis - Be my guest. Who wants to share his bloody lunch anyway!

Sofronia – *Kyrie eleison, kyrie eleison…*[8] *Clutches the cross hanging round her neck.* Don't forget your coat. It is cold today. And don't be late for dinner.

Young Pantelis - Baş üstüne *kyria* Sofronia.[9] Anything else you want?

Sofronia: Yes, some bread from the bakery on your way back this evening, and some respect for your mother, mister.

Young Pantelis - Oookay… So long, *kyria* Sofronia! *Taking his cap off, he gives an exaggerated bow.*

The light dims on Sofronia who freezes.

Pantelis – *back at the pub* People talked. I didn't care that they did… More than anything else, I wished to know my father. But she never said… For that, I won't… I can't forgive her!

Blackout.

---

8 Lord have mercy.
9 Mrs Sofronia

Act 1
Scene 11

Vasos enters.

Vasos - *Kalimera,*[10] Panteli, or rather *kalispera*.[11] You are late again... As usual.

***Pantelis** remains silent.*

Vasos - And what excuse do we have today?

Pantelis - Fell asleep, *Maestre*. Is that a good enough excuse *for* you?

Vasos - Why the attitude Panteli?

Pantelis - No attitude... Just fact... That's it.

Vasos - Aah... We are answering back now are we...

Pantelis - Pity I didn't do it before... *pause* I see you have a new apprentice...

Vasos - He is only a boy, Panteli mou.

Pantelis – *Mimics Vasos* 'He is only a boy, Panteli mou.'

Vasos – *Leering.* No harm in learning a few facts of life.

Pantelis - *beat* No, no harm at all. Anyone is expendable for Vasos's pleasure! *Pause* Listen, Vasos... You do that... And I go straight to the police...

Vasos - O come on, Panteleimon... It's just a bit of fun... We liked it didn't we? Of course, we did...

---
10 Good morning.
11 Good afternoon or evening.

Pantelis - *Gritting his teeth* I should have reported you ages ago. I told you. Just leave him alone… I mean it…

Vasos - Panteli, sit down… Have some coffee… There is some in the flask… You can take the morning off today. No point in starting now. Its already mid-day. Go into town for a walk. You need to buy things to take home, anyway… You'll soon feel better…

Pantelis - You move in on that boy and I go straight to the police… Understand?

Vasos – *Nervous*. Don't be like that!

Pantelis - *Pointing a finger*. You have been warned. *Pause* And you can keep your bloody job …

Takes off his overall and throws it at Vasos. Then walks off stage. As the lights dim and the stage darkens, Vasos exits

Act 1
Scene 12

Sofronia enters the stage before the lights come on. She has a hoe in her hand and starts working in a field. Stavris enters the stage.

Stavris - Sofronia mou, *ti kanis*?

Sofronia - *Kala na boume, Stavri, kai o theos na einai mazi mas...* (*I am ok god willing*) to be reflected on a screen.

Stavri - You are not your usual self today, Sofronia. Is anything the matter?

Sofronia - I am working as you can see. What do you want me to do... dance for you?

Stavris - Ah, that would be nice... Seriously, what's wrong?

Sofronia – It's Pantelis... I am worried about him.

Stavris - About Vasos?

Sofronia - Vasos? What about Vasos?

Stavris - Sorry. I thought you knew.

Sofronia - Knew what?

Stavris - Oh nothing... it's not important.

Sofronia - What do you mean 'it's not important'? We are talking about my son, mister. Everything to do with my son is important.

Stavris - Sorry, I have upset you. *Tries to leave.*

Sofronia - No... no, not so fast... You don't make remarks like that and leave.

Stavris - Sorry, I want no involvement...

Sofronia - But you are involved ... So out with it. What do you know about Vasos?

Stavris - Well, not much really... Just talk... Gossip. You know how it is.

Sofronia - No I don't know how it is. What are they saying?

Stavris - Well... you know... Pantelis and Vasos...

Sofronia - Yes...

Stavris – Well, you know...

Sofronia - No, I don't fc...g know; and you are going to tell me.

Stavris - Sofronia mou.

Sofronia - Don't Sofronia mou.

Stavris - I only heard... Anyway... Einai Turkosporos[12]... They like it, don't they?

Sofronia points the hoe at him. Menacingly.

Hey... Don't shoot the messenger! *Exits.*

Sofronia - *Throws the hoe on the ground...* I'll show them what's what!

Exits. Blackout

---

12 Turkish seed or bastard.

Act 1
Scene 13

Vasos is about to stop work and take a late lunch when Sofronia arrives at the building site.

Vasos - Sofronia mou… This is a nice surprise!

Sofronia - Who says surprises are always nice, Vasos?

Vasos – Mmm… Something wrong?

Sofronia - You tell me…

Vasos – Ahh… You heard the gossip.

Sofronia – And? Is it just gossip?

Vasos – Why, of course *kyria* Sofronia…

Sofronia - *Kyria* Sofronia, ha!

Vasos is *silent*.

Sofronia - Well?

Vasos - Well what? People talk… What can I say? They talk about you, don't they?

Sofronia - Vasos, you be careful about what you say.

Vasos - Do you think I like hearing what they say?

Sofronia - Like it or not, they are saying it… Where there is smoke…

Vasos - Well, there is no smoke. Anyway, why don't you ask your son?

Pause. Sofronia stares at him. And now go, Sofronia. We have said too much already…

Sofronia - I will go… But know this: If I find out you are guilty, I won't leave it to the courts. *Prepares to leave* Where is Pantelis?

Vasos - He was here not long ago… He said he had to go to the market to buy a few things for the house.

Sofronia - *Spits on the floor. Glares at him.* We'll see.

Vasos - I'm about to go for some lunch. You can wait here if you like. He'll be back soon. Little Marios can look after you… He has just popped round to the sweet shop. He'll be back in a minute or two.

Sofronia - If it's true…

Vasos - If it's true, what does it prove, Sofronia mou? That he likes it? *Einai Turkosporos*. Besides, Like mother, like son!

Sofronia - *Throws her stick at Vasos, missing him. Shakes her fist at him.*

I haven't finished with you yet…

Vasos - *Dodges the stick aimed at him and walks out, leering at Sofronia.* We all like some fun, don't we Sofronia Khanum!

Sofronia – *Mimes* Bastard!

Blackout.

Act 1
Scene 14

Travel agents.

Young Pantelis – I need a ticket to London... The cheapest you've got.

Assistant – The cheapest is on a cargo ship. You will need to do some chores on the boat, to earn your meals.

Young Pantelis – I can do that... no problem!

Assistant – Have you got your passport, etc.?

Young Pantelis – What's the etcetera?

Assistant –You'll need permission from your parents of course... Aren't you under 18?

Young Pantelis - Do you need it like in a letter?

Assistant - Yes, a letter will do... It must have your ID card details.

Young Pantelis - Ok. No worries, I can get that.

Assistant – Make sure its signed. Good luck.

Young Pantelis – Thanks. I will need it.

Black out.

Act 1
Scene 15

Two policemen bring Vasos and throw him in the middle of the stage. They look at him with contempt, then walk out. The lights dim around a square indicating four walls of a police cell. Vasos moves forward, looks above the audience line, feeling embarrassed for what he is about to admit.

Vasos - It was Sofronia who pestered me to take on Pantelis. He was so young and small. Not much use as a building site assistant but I kept him on anyway. *Laughs nervously.* He complained; he couldn't keep up with me. I kept on at him. He got better after a year or so. But still, when we sat down for lunch, he seemed exhausted. *Pause*

In winter we huddled together for warmth… After a while he would withdraw, put a distance between us… We were like father and son, but a feeling grew in me that was more … more than fatherly affection… It frightened me at first… Not that we did much really. Still. Wrong is wrong.

Pause I thought he liked it… Apparently not…

Pause.

Hopefully he won't stay to testify… I don't think the little mite will. Maybe I'll get off lightly… I hope so… I am used to outdoors and fresh air. I can't imagine a life within four walls.

Black-out.

Act 1
Scene 16

Sofronia's courtyard. Pantelis enters the stage.

Sofronia - You are early... What's up? Are you not well?

Pantelis – *Tries to hug Sofronia* I love you. You know that don't you?

Sofronia - Love doesn't buy bread... you know that?
They are silent for a while.

Sofronia - I went to the site where you were supposed to be working today...

Pantelis – Well?

Sofronia – People talk, you said... Well, people talk about you too.

Pantelis - *Stops in his track* They say what?

Sofronia - You don't know?

Pantelis - No I don't know. What are they saying? What are they saying?

Sofronia - That you and Vasos are ... you know... Together.

Pantelis - Well we are together... Yes. We work together... don't we?

Sofronia - Is it true, Panteleimon?

Pantelis - I can't believe you are asking me this question.

Sofronia - It's Vasos who is putting it out... Is it true, Panteli mou? You can tell me... I will kill him if he has done anything to you. I swear I will.

Pantelis - No need for that mother... I ...

Sofronia – *Is angry. Doesn't hear what Pantelis said* I will deal with him right and proper!

Pantelis – Anyway don't waste your energy...

Sofronia: But is it true, Panteleimon?

Pantelis - I am leaving anyway. It will soon be forgotten... They will find somebody else to talk about.

Sofronia – *Aghast*. What do you mean, you're leaving. Where to?

Pantelis – I must go, mama. There is no room for the likes of me on this island. Best I leave.

Better for you... And better for me... *Pause*. I hope.

You sign this to say you agree or I leave anyway... I will find a way to get onto that cargo ship!

Sofronia - But why?

Pantelis - You know why mama... And now there is a new rumour for the village folk to busy themselves with. I doubt they will leave us be.

Sofronia - Panteli, listen to me... I need you here...

Pantelis – *cuts in* Don't worry, I will send you money.

Sofronia - Oh... I don't mean money. Who cares about money! Panteli... You are too young... I won't sign...

Pantelis – *Shrugs*. Please yourself.

Sofronia - Panteli, I need to know, Is it true?

Pantelis - *reflective* Sounds like you want to believe it! Well believe it then. Like mother, like son...as they say... and a *Turkosporos* after all... They like it... Don't they!

Good-bye, mother.... I will write.

Sofronia - Wait, I will sign... You go. Get out of this hell. May be your luck will change.

Pantelis - I love you. *They embrace*...

Sofronia - *Piene me do kalo, yioudi mou, kai o theos na einai mazi sou , panda!**

(I will miss you but it's better that you go. God be with you, always) To be reflected on the screen at back of stage.

Sofronia stands waving as Pantelis exits.

Black out /curtain.

End of Act 1

Act 2
Scene 1

Tableau 2

Members of the cast walk onto the stage and as they do so, each say one of these sentences.

If she passed by the kafenion[13]

They stood up and watched her glide by

Some howled: Sofronia mou

Some called her a whore

A Turkophili[14]

If she went to fetch water

Men surrounded her

a touch here, uhheee

These sounds to be uttered by a woman among the cast.

a pinch there… Auch..

Oh Sofronia

The beautiful

The loose one

The Turkophili

The one who stepped out of line… who dared defy convention

Your Turkosporos bastard has flown the nest.

---
13 Coffee shop where only men used to go to socialize.
14 Lover of Turks.

Act 2
Scene 2

Pantelis and Sofronia are sitting in Sofronia's courtyard. Sofronia has a blanket over her knees and looks much older. They are talking about Sofronia's possible move to a care home.

Sofronia - *Ego, ti na kano stin Lemesson, re yie mou? An na me pareis sti Lemessianes!** What would I do on the first floor of a care home in a busy town where traffic never stops, and people are always busy! I am used to my village. My family are nearby. People know me here…

Pantelis – Yes, ok but…

Sofronia - Well at least they say hello; call in for a chat.

Pantelis – Yes don't we know!

Sofronia - The air is cleaner up here… Better for me. Even the children who annoy me would be better company than the townspeople with their airs and self-importance, talking down at me as if I am a nobody… I will be all right here.

Pantelis – Mama, you are an independent woman, I know. *Pause.* And who can blame you for wanting to stay in your own home… But the sad truth is that you are unable to look after yourself.

Sofronia – *Shrugs her shoulders.*

Pantelis – Please don't make things difficult. I will have to go to London soon. I can't go back and leave you to struggle on your own.

At least I will know you will be looked after there. And you will be safer too!

Sofronia - *Raises her head do show that she does not agree.*

Pantelis is visibly exasperated but maintains his civility and respect for his mother.

Pantelis - Well, then come with me to London!

Sofronia – *Oxi*… No.

Pantelis – What do you suggest we do then?

Sofronia – *Shrugs her shoulders as if to say do as you please.*

Blackout.

Act 2
Scene 3

Sofronia sits in a wheelchair at a care home, deep in thought.

Sofronia - It broke my heart when Pantelis told me about this place... This hell in which we pay to be 'looked after'. *Pause*

The worst thing is, they forget I am 89... forget that I lived, that I experienced life. We are left in soiled nappies for what seems like eternity. Nappies...for their convenience whether we need them or not! *Angry* Poutanes.

Beat. I wonder sometimes whether Pantelis wanted to punish me by putting me into this hole. *Pause* I never told him that.

Light dims on Sofronia. She is sad, reflective as Maria enters the stage.

Aunt Maria - I am here again, Sofronia mou. We are all worried about you *pano sto horio*![15]

Sofronia - Pheew... You didn't care much when I was up there. Why are you all concerned now?

Aunt Maria - Aw, don't say that! Of course we cared.

Here, I brought you some *flaounes and glika... Ekama kai kadeyifi ixtes... itan bayramin,.. Xeris... Kai ithela na sou fero kai soujouko* alla sixasa da.*[16]

---

15 Up in the village.
16 I brought you some cheese bread and some cakes. It was Eid yesterday; I think you know, so I made some kadayif. I was going to bring you some soujouko, too, but I forgot.

'I brougt you some flavounes and some cakes. It was Eid yesterday, so I brought you some kadayif too. I also meant to bring you some sucuk but I forgot.' To be reflected on the screen at the back of the stage.

Sofronia - Ha! You forgot them... Eh, put the rest in the basket, under my bed. *Pointing at the door.* They will take them if they see them.

Aunt Maria - *Surprised.* Who would take them, Sofronia mou?

Sofronia - *Pointing with her face Gini, i lagomeni! Poutanes!*[17]

Aunt Maria - *Grunts in a typical Cypriot way and makes the sign of the cross. Kyrie eleison, Kyrie eleison*[18] *Changing the subject... Eee di kaneis, eisai kala?*[19]

Sofronia - *With sarcasm Kala eimai.* They treat me like a queen here...

A carer enters the stage.

Polixeni – Are you ready for your bath, *kyria Sofronia*?

Sofronia - More than ready, *koritsi mou* Polyxeni. I crave my monthly splash-around in the bath!

Polyxeni - What do you mean monthly! You have a wash every day, you know that.

Sofronia – Don't I just...

Polyxeni wheels Sofronia out. The stage darkens. Aunt Maria is spotlighted as she swings round to face the audience.

Aunt Maria – *Sits down and takes her scarf off.* She was a determined woman, my sister. People feared her. Men nicknamed her Thanatos.[20] She married a nice man, but he died in an accident, tumbled over a cliff, on a dark and windy night, as he drove home from work.

---

17 These whores... All of them are driven.
18 Lord have mercy.
19 Well, anyway. How are you? I Hope you are ok.
20 In Greek mythology, 'Thanatos' is short for thanatosporous, bearing of death or the personification of death.

Hers was an arranged marriage, *proxenia*, like mine... That's how it was in those days. He worked hard, looked after his family well. She was left with two children, *kaimeni mou.*[21]

Shakes her head.

The Stage is lit.

Sofronia is wheeled in.

Polixeni - There, all nice and clean and perfumed too. Have a talk with your sister for a bit, kyria[22] Sofronia and I'll go and get your lunch. Would you like to join your sister for lunch, have a bite to eat, kyria Maria?

Aunt Maria - Thank you, *agapi mou,*[23] but no. The bus leaves at one. I can hardly walk these days. I'll need to go soon in case I miss it. Then I 'll have to stay till Monday...

Polyxeni - Ah that's no problem. We can just put a camp bed up here in this room and you can keep your sister company.

Aunt Maria - *Efxaristo, koritsi mou.*[24] I need to go. My old man is waiting for me to serve his lunch. You know what men are like.

Polyxeni – Don't I Just! A cup of coffee and some biscuits maybe?

Aunt Maria – Don't trouble yourself, *koritsi mou. Alli fora.*[25]

Polyxeni exits.

Sofronia is angry at the false kindness of Polyxeni. She shakes her head from side to side.

Sofronia - Such liars, all of you... Such pretence... *Poutanes*!

Aunt Maria - Eh... *Hade*[26]... I better be going. I have a long way to go. Everything is so difficult for me these days. Old age, I guess.

---

21 *My poor one.*
22 *Mrs.*
23 *My love.*
24 *Thank you my sweet girl.*
25 *Next time.*
26 *Anyway, or ok or let's go (borrowed from Turkish).*

Sofronia – Old age my foot! You are still a young woman!

Aunt Maria – *Laughs* Yes, once I was a young woman … I am afraid those days are gone. Do you need anything? I can try to bring you what you need next time I come to see you?

Sofronia: shaking her head. *Ohi, efxaristo para poli. piene sto kalo kai o theos na se prosexsi.*[27]

'*Thank you, no. Be on your way and god be with you!*' to be reflected on a screen at the back of the stage'.

Blackout. Maria exits.

---

27 *No. Thank you. Go with may blessing.*

Act 2
Scene 4

Sofronia - *Spotlighted. Smiles as she speaks to an imaginary Fehim* Ah Fehim… Pantelis always wanted to know you! *Pause* I didn't have the courage to tell him.

Turns to the audience We met at the bazaar. In those days, it was at the pantopolio where everything anyone could produce was sold. Not like today, with supermarkets and everything waxed!

Saturdays were like a festival. I was an early bird.

In the corner of the bazaar was Fehim's halva shop, displaying blocks of halva— plain, with chocolate or with pistachio nuts, and pita bread to eat it with.

I was used to men leering at me; I didn't take much notice of him but he kept trying to strike up a conversation.

Young Fehim – *Spotlighted.*

Good morning, Kyria Sofronia.

Can I help you with anything?

Would you like a Turkish coffee… or a Greek coffee if you prefer.

That's a tired old stool. Would you like a chair to sit on? We have a spare in the shop. There…Much more comfortable.

You must be hungry Kyria Sofronia. I've ordered some Cyprus *keftedes*. Let's share them. Here… nice and warm…With pita bread. And salad too!

You must be thirsty sitting in the sun all this time. Let me get you a cool drink… Here, a bottle of fizzy mandarin juice… Best drink in town.

The light dims on Fehim. Sofronia continues under a spotlight.

Sofronia - Slowly, I was coaxed into his net, knowingly, willingly; drawn to this smooth operator with light brown hair and green eyes that turned honey colour in strong sunlight. Our conversations became intimate. Encouraged, he proposed hiring a room at the inn. I accepted even though I wasn't sure.

Blackout.

In a film reflected on the back of the stage Fehim, holding two wine glasses, waits for Sofronia who enters the room looking anxious, uncertain. Fehim draws close and offers her one of the glasses of wine. They embrace and kiss. Or, if preferred, the long bench in elderly Sofronia's room on stage is quickly turned into a bed and young Sofronia and Fehim act out their love and farewell scenes.

Sofronia – I am afraid.

Fehim – *Caresses her lips with his finger* Shh, relax … The inn keeper is a friend of mine. I trust him. No one will know. You are beautiful… I love you very much. Did I tell you that?

He offers her a glass of wine, and they drink . he sits on the bed and pulls her onto his knees.

Come into my arms…. I love you.

Sofronia – I love you too. Very much!

They embrace. The light dims to blackout. A piece of music signals the passage of time. When the lights come on Sofronia is getting dressed. Fehim approaches her and takes her hand.

Fehim – I can't have enough of you. Can't you stay a bit longer? Please…

Sofronia - I must go… The children are hungry, waiting for dinner.

Fehim – My love… Marry me.

Sofronia – I love you... More than you will ever know. *Shakes her head.* But there are obstacles.

Fehim – Oh damn the obstacles. Just marry me. I'm happy to fight your corner.

Sofronia – Don't I know it... My love. *Embraces him.*

Fehim – Why not, Sofronia mou?

Sofronia – I can't leave my children. Who would look after them? Protect them...

Fehim – Did I say they can't come with you?

Sofronia – My love. Of course not! I am not sure they will accept you as a father. They are at the age when they understand; they make their own choices, decisions.

Fehim – Maybe not immediately but they will in time... won't they?

Sofronia – Even if they were to accept you, my people won't. But let's assume they did. Would you, could you present a woman with two children as your bride to your family? Think about it. You are a kind, well-meaning, gentle person. Alas, everyone isn't like you...I am late... I must go. *Gives him a peck on the cheek.*

Fehim – You will come next week, won't you?

Sofronia – Yes.

They embrace.

Blackout.

Sofronia is under the spotlight.

Sofronia – I was in love with him. I still am. In those days, careful though we were, getting pregnant was inevitable. Marriage was out of the question. I didn't dare leave my family, the people I knew, my religion. I could have lost my children, I couldn't chance that...How could I explain this to Pantelis... Gossip flourished, of course. He must have heard the story. But I never owned up, never disclosed my brief love affair. In the end, he got out, saved himself. My darling boy... Our son.

Blackout.

Act 2
Scene 5

Tableau 3
Cast members enter stage shouting a line each.
Oh Sofronia
The beautiful
The unruly
The loose one
The Turkophili
The village whore
The lover
The listener
The shrew
Mother Earth
Sofronia
Is No More!

Cast freezes on stage.
Black out.

Act 2
Scene 6

Sofronia's cottage. Maria, Pantelis and the rest of the cast have gathered to celebrate Sofronia's life. There is a table laden with food and drink.

Pantelis – Well what's this story that everyone tried to keep a secret, Aunt Maria?

Maria – He was a good Turkos, not like the others.

Pantelis – Ok, he was a good Turkos. But where is he now?

Maria – I don't know. It's a mystery, Panteli mou. We never met. She told me about him one day when I went to see her at the care home. I visited her regularly, just as I promised you… Took her what I could… You know, things she liked. Apparently, she too had lost contact with Fehim.

Pantelis – Ok. Now we know his name is Fehim and he was a good Turkos. So, what other secrets did my mother keep?

Aunt Maria – Private things, Panteli mou. They were lovers. Fehim loved your mother, and he wanted to marry her. He was an honourable Turk. But she refused. She had children, and because of the social mores and restrictions, her religion, she just couldn't risk it.

Pantelis – And why hasn't he bothered to look for me?

During this conversation, Fehim who had entered the stage stands close to Pantelis and Aunt Maria. He overhears Pantelis's question and addresses him directly.

Fehim – I'll answer that question. I am Fehim, and I never knew that I had a son called Pantelis.

They remain silent for a while.

Pantelis - If this is a joke, it's a bad one and untimely, Mister.

Fehim – It's not a joke. She didn't tell me she was pregnant. I didn't know I had a son called Pantelis.

Another minute's silence. Aunt Maria intervenes.

Aunt Maria – Well, anyway what was I saying… Yes, she hated that care home you know. She never told you, but she did…

Pantelis – *Still weighing up Fehim, answers. Maria in a distant disengaged way* Really! No… I would have noticed if she was - on my visits… Most definitely.

Aunt Maria – How could you, Panteli mou. They were attentive when you were there. And it was the same when I visited. It was all a big show… She wasn't an easy person, I know, but still, they should have done their job right.

Pantelis – Strange… she never said.

Aunt Maria – She didn't want to worry you, that's why. Anyway, what was I saying. Yes, some men are opportunists, and many chased her like vultures… wouldn't leave her be. *Draws the cross on her chest.* She never refused offers of work, which often came with certain 'conditions.' Bringing up three boys on her own wasn't easy. She was a hard-working woman.

Pantelis – *Continues with robotic answers.* Yes, she worked hard… my mother.

Aunt Maria – *Looking at Fehim.* It was harder at first, the whole village talked about her until our father had enough one day and told them to shut up, in so many words. Still, it wasn't right, what she did. We were the talk of the village. She embarrassed the whole family. You suffered most, Panteli mou.

Pantelis - Well, that's life isn't it, aunty? Nothing we can do to change it. *Still angry turns to Fehim.* Why are you here? Where were you when we were all struggling to survive? Why now?

Fehim does not answer. Once again Aunt Maria intervenes.

Aunt Maria – No need for a scene, Panteliemon. This is your mother's wake. Everyone is welcome. Besides, did you not pine for your father all these years? Were you not desperate to see him, to know him?

Pantelis is calmer. Andreas and Sotiris leave the stage in anger.

Fehim – Kyria Maria, please carry on telling me about the past, Sofronia's life.

Aunt Maria – Well, we were just remembering my sister. She loved her children, was proud of them. She loved Pantelis the best; often, she said she was lucky to have him as her son.

She worked hard to support all three boys, although the other two did not deserve it really. They never visited her when she lived in the care home. They were here today. I saw them leaving just now.

Pause.

We all suffered from this trauma, Mr. Fehim. She should have married you. You are a good man. You would have taken care of her and her children. What could have been wrong with that. Aren't we all human!

We became homeless. Many of us migrated. On both sides. And for what! Senseless nationalism and false feelings of superiority!

Pantelis - *Turns to the audience and speaks out as if to his mother's spirit.* You were a brave woman, mother, but even you didn't have the courage to confront racism.

To the audience. Turkish, Greek and many more, we all live on this island. But somehow, we've never fully understood what it means to be a Cypriot!

He turns to his father, and they embrace.

Blackout.

Act 2
Scene 7

Some years after the opening of the artificial barriers in 2004 and soon after Sofronia's death.

A bottle of whisky and some mezes on a table. Fehim and Pantelis are drinking. Fehim is telling his son about the village he grew up in which was on the south side of the island.

Fehim - I thought it was just me having such strong feelings about that house, that family place, our home, I suppose. Then my sister said the same. It was just levelled to the ground. The plot became the garden of a newly built house next to it.

I listened for the familiar sounds: Your grandmother who always spoke on a high note because your grandad was losing his hearing; the whispers of your grandad in comparison, the laughter of your uncles and aunts, the sound of running water from the fountain, down at the next level before the expanse leading to the wetland in the valley. Nothing.

I was a stranger to my past!

Raises his glass and they drink.

Your grandfather had other houses in town. They were all rented out to refugees from the North. A soft-spoken man stepped out of the house to greet us.

'You can have your house back if you so wish.' It's yours after all,' he said.

Senseless wars, such destruction!

They drink in silence for a bit.

Pantelis - True, alas, papa. So how did you manage to cross the border after the civil strife, following the coup in 74.

Fehim - I was wounded during the intercommunal fighting. was lucky they found me. We were driven to an enclosed space blindfolded; we didn't know where we were. There were a lot of us. We joked, morbidly, about the possibility that we might up the number on the missing persons lists.

Pantelis – What happened then?

Fehim - We were to be exchanged. There was a lot of abuse of course, some cruelty, but we survived it. The soldiers from Greece were the worst.

He drinks.

I remember being thirsty. A friend of mine, a very kind and gentle man, highly respected in the community, stepped forward and asked for some water for all of us. It was the middle of the day. The mid-summer sun was at its hottest. The soldier laughed and marched him three times around the hot open space, all the while prodding him with his bayonet. It was surreal. Many of the survivors became ill; diabetes, heart problems, you name it.

Pantelis - The soldiers from Greece were hell bent on avenging their losses in Izmir, I guess.

Fehim - I'm afraid so… I'd lost a lot of blood; was delirious, and could have died… I was one of the first to be exchanged. It took a lot of time and care to get me back on my feet. And here I am.

They drink.

But I have to say, none of this hurt as much as the pain I felt when I parted with your mother. I loved her. I know she loved me.

I never married, always hoping she would turn up, stay with

me and be happy. I guess it wasn't to be. Then the barriers went up and any hope I may have harboured dimmed. *They are silent for a while as they eat and drink.*

I am so glad I found you, Panteleimon. It's like a miracle... I feel I am on air, I'm so happy! Who would've thought it possible! *Pause.*

And now you. Tell me about all the things I have missed.

Pantelis – It's a long story. So how did you know my mother died?

Fehim – Well that too is a long story. But I am happy to find you, Panteli mou. You can't imagine what a joy that is.

Pantelis – Let's drink to that.

They raise glasses and drink.

All those years I wondered about you, who you were, where you were. And then you appeared saying you are Fehim. I was furious... I lost it!

Fehim – *Laughs.* Don't I know it!

Pantelis – It's a good thing Aunt Maria intervened. She was furious. I 'd never seen her like that before.

They are silent for a while.

Fehim – Who could blame you, my son. In the end we were able to embrace. That's what matters.

We race with time, Panteleimon. *They raise glasses.* Let's drink to happiness.

Black out.

Music. Pantelis and Fehim exit.

Act 2
Scene 8

When the stage is partially lit, instrumental music plays the overture of 'Kara Tiren'. The scene is the pub in Hackney... Sofronia can be seen sitting in the dark at the same place she sat in act 1, scene 1.

Pantelis enters the pub spotlighted. He sings the song 'Kara Tiren' which his father hummed during their drinking sessions.

Pantelis- 'Kara tren gecikir belki hiç gelmez… Dağlarda …'

He sees his mother sitting in the dark, impassive. Good evening mother. Did I tell you? Your secret came out when your lover, my dad, came to your wake. Just then, Aunt Maria was telling your story at full speed.

He sits at a table on the left of the stage facing Sofronia in the dark at the other end.

He is silent for a minute.

He too has passed away… But I expect you know that.

Sofronia - All too soon! No need to be surprised Pantelis. Happiness comes but in bite size pieces, a moment here, a moment there.

We all suffered in this drama. It couldn't be helped I suppose.

Pause.

Pantelis - Ah… You can speak! Great…

He gets up ready to leave. I have lost my appetite for my pint of beer tonight, so I shall bid you good night. Good-bye, mother, no doubt we shall meet again soon. We have made a pact with the supernatural, you and I!

He sings as he exits the stage.

Kara tiren gecikir belki hic gelmez,

Daglar da salinir da derdini bilmez,

Dumanin savurur, halini gormez,

Kan dolar yuregim, goz yasim dinmez.[28]

Curtain.
Instrumental music follows on.

---

28 The freight train (carrying the mail) may wonder leisurely around the mountains. Unaware of my anguish, my need to hear from you.

5
HELL (The Journalist)

A misogynist French journalist who collaborated with the Germans when they invaded Paris during the second world war was killed and is now in Hell with several others. Hell is their own conscience.

The heat they complain about is their internal discomfort— a never-ending torment.

Didier - It's hot here….

Duval - What?

Didier – I said it's hot here. I suppose you feel the same or you wouldn't be here. Go on. Spit it out? How many non-Aryans and gays did you shop to the Gestapo?

Duval - Don't talk about that… Ever! *Pause* I edited a newspaper that was anti-war. Not your usual pacifist rubbish. Shit, I was an anti-war campaigner. Then the Germans occupied Paris… What was I to do? Take up arms against them? No… I am here because I tortured my wife.

He looks down at what was once his world.

There she is again! As soon as I mention her name, she appears. It's Peter I want to see… I want to know what he is saying about me. But whenever I look for him, I see her. She is sitting in a chair, holding my jacket in her lap with seven bullet holes in it. The edges of the holes are rusted with my blood. They must have just returned it to her.

I pulled her out of the gutter you understand and married her. Of course, I was bad to her. All the time. But she never complained, ever! Once I brought home a black girl... Oh what nights!

She, my wife that is, slept downstairs... She must have heard us... Never a word of reproach... Nor a tear!

Smiles surreptitiously. You will never guess what she did in the morning.... Yes, you got it! She was up early, made breakfast and brought it to us on two little trays!

She is still stroking my bullet-riddled jacket and looks as if she is going to cry. Are you going to cry? Go on. Give us a tear!

F...ing woman!

I should have killed you before they got me!

Duval is a character based on Sartre's 'No Exit'. It was created and acted by the author himself at the Arcola theatre where he trained as an actor. The director said he always chose to represent the 'sensitive types'. He asked if he 'could diversify'. This archetype was the result of that challenge.

6
The Grand Old Man
The flesh is weak my lord!
(A Radio Play)

William Gladstone chopping wood

A cabinet card portrait of the British statesman, William Gladstone (1809-1898), seen here chopping wood at Hawarden, his estate in North Wales.

This unconventional portrait – showing a shirt-sleeved, informal Prime Minister, resting from his labours – stands in stark contrast to the more traditional commercial portraits of famous figures during this period, with their formal studio arrangements and near-standardized range of poses. Gladstone must have been a willing participant in the creation of the photograph or, at least, approved its mass distribution, and we can therefore deduce that he was consciously manipulating his public image by aligning himself with the values of industry. He must have been aware that the sight of a senior government official not averse to physical labour would have struck a chord with many of his constituents.

Photographed in 1877 by William Currey of Bolton and Manchester

Characters

The Grand Old Man.

Watson – The Grand Old Man's Vallet.

Agnes – Housekeeper.

First fallen woman.

Voices of other fallen women.

Act 1
Scene 1

Footsteps of an attendant clearing away cups and saucers. Birds are singing, while the sound of a dog stretching and whining can be heard in the foreground, as can indistinct mutterings of an older man.

G.O.M (Grand Old Man)- Hold this jacket for me, Watson. It's time to chop this tree down! I'll do some thinking while I am at it.

W – Yes, sir. I can cut it down for you if you'd like that, sir.

G.O.M - Don't be silly, Watson. You know I need the exercise.

W – Yes, sir.

G.O.M - Oh, I wish you wouldn't call me sir. William is fine. You have my permission to call me so.

W – Yes, sir. I mean, I know, sir, but it's hard for me to be familiar, sir. You are the Prime Minister of the Empire. How can I?

G.O.M – Oh, just do it, Watson!

Sounds of chopping down a tree for a few seconds, which then stops.

William's heavy breathing can be heard.

G.O.M - Ah, that's better. Tell me, Watson, how do you feel about being able to vote? You know you can now.

W – Don't know, sir. Haven't done it yet.

G.O.M – You will, Watson. You will, and I hope you will use it wisely, not waste it on the wretched Tories… And that flamboyant Disraeli!

W – Yes, sir. Is it true, sir, that the Queen don't like you? I can't understand how she don't, sir. You are the hardest working Prime Minister ever, sir. She should be pleased with you.

G.O.M - Ah. Her majesty doesn't like my style of speech. Apparently, she feels I address her as if she were at a 'public meeting'. Well, not quite that perhaps, but something like that…. Best go in now, Watson. It's getting chilly. Is Mrs G in the drawing room?

W – No, sir. She left a while ago, sir. She said she would be at her parents' estate, sir.

G – Ah yes… She did say…When did she leave?

W –About an hour ago, sir.

G.O.M – Ah well. On my 'tod' again, as my Scottish granddad would have said. I'd better get some sleep. We'll be off to London early in the morning.

W – Yes, sir. You are very busy, sir… You won't get lonely.

And there is all that 'saving' work to be done.

G.O.M – Ah yes, there is that … Help me with this coat, Watson. My shoulder is a bit sore from all that chopping… Anyway there will be saving 'work' to do tomorrow night as you so intimated, young man.

W – Yes, sir. God save us, and especially them women, sir, poor souls…

The nights are cold now, sir. It may be difficult to walk the streets. You may be better off indoors.

G – Well, we'll see, Watson, we'll see … *Music marks the end of the scene.*

Act 1
Scene 2

At Downing Street after 10 pm. The GOM arrives at his flat above the ministerial offices. Faint sound of employees bidding each other good night.

W – I'll take your coat, sir. Chilly, isn't it, sir!

G.O.M – Perishing! *Watson can be heard shuffling out of the room.* Ah, Watson, tell Agnes to bring me a nice cup of tea and some cream biscuits. (Aside) Mrs. Gladstone is not here so there will be no objections to my wayward ways, I suppose, including cream biscuits and saving… the… fallen women. And, Watson, keep on praying, man. Working and praying.

W - Yes, sir.

Door creaks open and shuts.

G.O.M –*Irritated*. Oh… I do wish they'd repair that door. You wouldn't think that the nations Prime Minister lived here.

The door creaks open again. Agnes enters the room with a cup of tea.

G.O.M - Ah… Agnes, that is kind of you. Leave it on the table for now.

A – Yes, sir!

GOM – And… Don't fidget, Agnes. I am just a person like everyone else around here…

A – Oi, sir. You can't mean that! You are exceptional. Four times the PM, sir, and many times the chancellor. Not many can do that… sir.

GOM – Ah, I know but a man all the same and… I have needs …. as you know.

A - Oh yes, sir… (Giggles.) I know, sir. Was there anything else, sir?

GOM – No, not tonight, Agnes. You are free to go.

A – Thank you sir.

GOM – Ah ….and Agnes…

A – Yes, sir?

GOM – Tell Watson to hail a cab for me. I'll be off soon.

A – Yes, sir.

Act 1
Scene 3

Sounds of a London street in 1892. Horses trotting on cobble stones; traders packing up their market stalls in Soho's Berwick Street; streetwalkers bargaining with punters. Shrill laughter, taunting sounds. GOM steps down from the coach and thanks the driver, telling him to keep the change.

1st P (Prostitute) - Welcome to Soho's Berwick Street Market, sir. A place where you can find everything… Even after-hours, sir!

GOM – Oh… Hello … How are you doing tonight?

1st P - Not so bad, sir. What can I do for ye?

GOM – Oh, not much I am afraid.

1st P – Well on you go then, sir. I have work to do. Must earn my living.

GOM – Of course… and …how much might you earn tonight? Do you have any idea?

1st P – It's cold, sir. The willies don't work so well when it's cold… A shilling if I am lucky!

GOM - And what would you have to do for that?

1st P - Oh don't ask! All sorts.

GOM - Do you have somewhere warm to go to? I'll give you a shilling if we can go there and talk. Nothing more, mind… Just talk.

1st P - Ah… They all say that sir, till we get there and then they start making demands. Well, of course I have a place... not much, ye know, but warm. I have a fire. Punters don't like to do it in the cold... You know. It's hard for them to... You know...

GOM – Yes, yes, I know. Well, if you would lead the way then...

1ˢᵗ P – Aw, sure, sir... Follow me, sir... It's not far, sir. Just round the corner.

GOM – Well, ok. Off we go then! I'll follow you...

1ˢᵗ P - Aw... You naughty man! Ok then.

Sound of footsteps, which gradually fade away... Other prostitutes are heard taunting punters.

Act 1
Scene 4

Dangling keys, the opening of a door. Passage up several flights of stairs, as the older man pants, climbing up slowly. The younger person steps lightly, leading the way and whispering.

1st P - Quiet now, sir. We don't want to wake up the landlady. Not that she'll mind, but she hates being woken up in the middle of night.

Sounds of a key in a lock, then a door creaking open and then slowly shutting. Familiar sounds of taking coats off.

GOM – Much warmer in here. Nights like this are not too cold for you to stand in the street all that time?

1st P – Well, ye've to show the punters what you got, don't you! Sir…

GOM – I don't know. Do you? Tell me about your routine… Start from the street corner if you like. Tell me all.

1st P - Aw… I get you… well, I might stand there for an hour with no one checking me out. We always work in threes, each in a different corner. We watch out for each other. It can get dangerous with some men, you know.

GOM – Hmm, what sort of danger?

1st P — Aw… All sorts, ye know… don't know why I am getting embarrassed now… Well, ye know…

Taunting sound of drums. Then soothing music marks the end of the scene.

Act 1
Scene 5

Footsteps climbing a few stairs. Watson greets his master and asks to relieve him of his heavy coat.

W – I poured a glass of whisky to warm you up, sir. Not too much. Good night, sir.

GOM – Good night, Watson. I wish you wouldn't call me sir.

Sounds of an old man undressing. Then kneeling to pray.

GOM - Oh, God, forgive me my sins. I failed again, a victim of my wayward ways... The flesh is weak, my lord ... Try as I do, I can't control my desires... Some of these women we try to rescue are very beautiful. Temptation is too great. Nothing happens of course, nothing ever will, but the urge is there, the heat, the emotion... a physical response... All there, my Lord, as you well observe.

My soul is tormented.

On the soap box, I preach, I reason, I argue, coax, persuade and influence. All of it comes easy to me. Work is my life. But... this urge, this avalanche of need, I cannot control. As I kneel, humbled before you, I beg forgiveness. Lord, grant me the strength to master my weakness, or perish for my wrong doings.[29]

Music.

End

---

[29] On his death bed, The Grand Old Man assured his son that in his rescuing work he had never been unfaithful to his gentle mother.

7
Omar

Dim blue lights illuminate the stage. Instrumental music plays in the background.

Spotlighted, Omar sits on a chair at the centre of the room. To his left is a small pile of rubble. He is fumbling with his worry beads. He begins to sing just as the music is phased out. He gets up to walk towards the audience when he sees a child's shoe in the small pile of rubble and bends to pick it up, as he starts singing.

'Ben melanet hırkasını, kendim giydim eğnime

Ar-i-namus şişesini taşa vurdum kime ne?

aah haydar haydar taşa vurdum kime ne?'

Bends to pick up the shoe, pause.

When the bombs came, only I survived.

The Red Cross pulled me out of the rubble, my face covered with dust, my legs trapped under a concrete slab.

Drops shoe at his feet.

Stands centre stage.

I am Omar,

Born in Deir Yassin, to the east of Jerusalem, in Palestine,
Brought up by the Jesuits in Egypt,

I was fed, educated, and abused.

I escaped to London.

Mathematics needed less language, so I went with that, became an accountant.

Takes off his jacket and throws it on the floor.
Takes two steps forward and stands, still at centre stage.

I am Omar,

Twice raped. *Begins to pull off the tie and loosen collar, wraps the tie round his wrist.*

Once, when my parents and their brood, all 8 of them, were wiped out at a stroke, under their own roof, in a land called Palestine, to make room for a state; alleviate the fascist's guilt

And again,

Lights dim then light up after 'Cloaks'.

When the monks pulled me out of the rubble and took me under their wing and their… *gestures* …all-embracing cloaks.

Paces room

I am Omar,

Self-depreciatingly A man lost in himself, who, only a few months ago, had a picture of the Royal family, hanging on his wall and defended their anachronistic existence and frivolity.

Stands centre stage.

I am Omar. *Stares at imaginary TV.*

War explosion sounds. Auditorium and stage lights dim and flicker with the explosions.

Right now, I am watching another attack on Gaza. There is no longer a Palestine. Only pockets of land where Palestinians live. The West has made a pact with silence. America tells the people of Gaza to stop shelling the 'settlements', *exacerbated…* And maybe they should, but they hear these words as the bombs fall on their rooftops. The contradiction is stark, abusive…

And,

In between the collapsed layers of concrete slabs rise the dead. *As if auctioning.*

150, 350, 570, 700, a thousand. *Saddened* I have stopped listening.

The Dier Yassin massacre that took place all those years ago, on the 9th April 1948 and triggered the Nakba, the Palestinian Catastrophe,

the Palestenian Catastrophe still goes on *Pulls collar off cynically.* Beyond several hundreds more, mission completed, the West has a new market to sell its goods and its know-how: Consultants

  Engineers

    Building materials

      Processed food for the homeless and the bereaved

        Cars for the war time sharks who can afford it

        Weapons for another regional war.

Gestures - And so turns the wheel of fortune, Kismet, for the Palestinians. Now up, now down, never stable, never happy. *Pulls the long shirt out of his trousers and lets it flow down to his ankles.*

I am Omar.

In London, I wear my traditional clothes, to make a statement. I am a Palestinian, one of the forsaken people of a world that fornicates with itself.

Arise, people of Palestine, my people, and fight back. You have nothing to lose. They have left us with nothing.

The same instrumental music plays as the lights dim then brighten to allow the actor to take a bow and withdraw back stage.

This monologue was shown at the five-minute festival in South London, in January 2015

SINIR BOYLARINDA

KÂZIM ALTAN

*Annem Emine Kâzım Ali ve babam Ali Mustafa'nın
anılarına...*

YAZAR HAKKINDA

Kâzım Altan; 1945'te Kıbrıs'ın Baf kazasının Ayia Varvara köyünde doğdu. Londra Üniversitesi'nde Sosyoloji lisansını 1974'te tamamladı. Sosyoloji ve Siyasal Bilgiler yüksek lisans eğitimini Londra Üniversitesi'nin Birkbeck kolejinde, eğitimci olarak çalışmaya başladığı ilk yıllarda tamamladı. Akabinde, Londra'nın farklı bölgelerinde, kolejlerde İngilizce öğretmenliği yapmaya devam etti. Hayat boyu eğitimin önemini benimsediği için çalıştığı süreçte de kendini geliştirmeyi ihmal etmedi. Enfield Kolej'inde yardımcı direktör görevinden emekli oldu. Bu yıllarda farklı sınav kurumlarında sınav görevlisi olarak çalışmaya devam etti. Bunun yansıra, tiyatro eğitimi aldı. Çoğu zaman kendi yazdığı oyunlarla ve kalabalık ekiplerle, tiyatro sahnelerinde yer aldı. Pantelis, Kâzım Altan'ın ilk eseridir. İngilizce yazdığı bu kitabı Türkçeye kendisi çevirdi. İkinci eseri "Sınır Boylarında - Beyond Borders", tiyatro eğitimi aldığı yıllardan esinlenerek yazdığı oyunları, bir radyo oyununu ve bir film senaryosunu içerir.

Teşekkür

Sınır Boylarında çizilen karakterler hayalden öte değil. Bu yolculukta yazımda deneyimli dostlarımdan çok şeyler öğrendim. Bana yardımcı olan, eğitimci, üretken yazarlarımız, Dursaliye Şahan ve Gülsüm Öz'e; yazdığım her satırı okuyup düzenleyen sebatlı, çalışkan editörüm sevgili Cem Tunçer'e; Kathleen Stephanitis'e, kitabın baskı ve dağıtımını üstlenen sayın Tuncay Bilecen'e, Arcola Tiyatro ekibine, Amazonian tiyatro ekibine ve yönetmen Jude Alderson'a, solo tiyatro yönetmeni Colin Weakley'e ve tabii ki beni her zaman destekleyen, sevgili eşim Şengül'e, kızlarımız Halide ve Cihan'a, Torunlarımız Ella, Leyla, Ifor ve Axel'e içtenlikle teşekkür ederim.

İçindekiler

Sınır Boylarında

Annemin Turunç Reçeli

Çıkış Yok

Guantanamo

Paramparça Hayatımın Sınırında

Yaşlı Çınar (Radyo oyunu)

Ömer

Sovronia Bakım Evinde (Kısa film senaryosu)

1

Sınır Boylarında

Tek Perdelik Oyun

Karakterler:

Ömer – Suriyeli mülteci – 40'lı yaşlarında bir adam.

Nasreen – Suriyeli bir mülteci – 50'li yaşlarının sonlarında bir kadın.

Hatice – 20'li yaşların ortalarında, bebek emdiren bir genç kadın.

İnsan Kaçakçıları – Otuzlu yıllarında iki genç adam.

Fransız Polisi (4) – 20'li yaşlarının sonlarında iki erkek ve iki kadın.

1., 2., 3., 4. iki erkek iki kadın insan kaçakçılarıyla pazarlık eden oyuncular.

Diğer Mülteciler – Yirmili yaşlarının ortalarında genç erkek ve kadınlar; tekerlekli sandalyede yaşlı bir kişi ve iki genç kadın, uygunsa birkaç çocuk.

Sahne 1

Fonda Sabahat Akkiraz – 'Haydar Haydar' türküsünün uvertürü duyulur.

Abdullah'ı derme çatma bir bankta oturmuş, tek başına bir fotoğrafa bakarken görüyoruz. Arkasında, harap olmuş evi ekrana yansır. Sessizdir Abdullah. Sonra, sahne yavaş yavaş kararırken, tek ışık halkasında seyirciye hitap etmeye başlar.

Abdullah: O sabah, ikiz yavrularımın pembe elbiseli oyuncağı uluslararası basının manşetlerinde yer aldı. Azgın Ege Denizi'nin dondurucu sularında binlerce kişi boğuldu ve yavrularımın oyuncak ayıları, işte bu trajedinin sembolü oldu.

Suriye'deki kanlı savaştan kurtulmak için talan edilen Kobani'den ayrılıp daha emniyetli bir yere gitmekten başka çaremiz kalmamıştı. Düşlerimizde, Avrupa'ya, Kanada'ya sığınmak vardı. Şimdiyse her şeyin harabeye dönüştürüldüğü bu şehre canlarımı toprağa vermeye geldim.

Elindeki fotoğrafa tekrar bakar ve bir süre sessiz kalır. Fotoğrafı cebine koyarken, dudaklarında acı bir tebessüm belirir.

Bir devlet yetkilisi arayıp taziyelerini dile getirdi. "Keşke ülkemizde kalsanız" dedi. Bu sözleri bir küme televizyon kanalının kameraları önünde söylememiş olsaydı, samimiyetinden şüphem olmazdı. *Acı acı gülümser.* Maalesef!

Sahne kararır.

Sahne 2

Nasreen, tek kişilik yassı çadırının içinden emekleyerek çıkıp etrafına bakınır. Yorgun görünüyordur. Saçları dağınıktır. Birkaç mülteci sahnede dolaşıp durur. Kimileri omzunda havlularla el yüz yıkamak için kurulan musluk başında sıra beklerken birkaçı ellerini ve yüzlerini kurular. Çömelip el yüz yıkamaya çalışanların arasında bir genç kadın Nasreen'i selamlar.

Hatice: Günaydın Nasreen. Bu sabah nasılsın?

Nasreen: Günaydın kızım. Gördüğün gibi. Tutar yerim yok. Sen nasılsın?

Hatice: İyi abla, şimdilik idare ediyorum. Akşam yine... bağırdığını duydum. İyi misin?

Nasreen: Eh işte... Karabasanlarım bir an dahi gözümü yummama izin vermiyor. Ancak şafak sökerken uyuyakalıyorum. Bir saat filan. Napayım... O da olsun.

Hatice: *Nasreen'in ayağa kalkmasına yardım eder.* Bu tünelin sonunda bir ışık olur inşallah. Mümkün olduğu kadar güçlü kalmaya çalışalım. Artık kısmen güvendeyiz. Birçok şey geçmişte kaldı... Bir şekilde bir yerlere sığınmamıza müsaade edecekler herhalde.

Nasreen: Eh... İnşallah! Geceler çok soğuk. Bu yavruların dondurucu soğuğa nasıl dayandıklarını aklım almıyor.

Hatice: Hasta olurlar diye ödüm kopuyor abla. Napalım... Başka çaremiz yok. Dayanacağız. Sanırım bugün bir otobüs yolculuğumuz olacak. Yetkililer bizi Avusturya sınırına kadar götürebileceklerini söylüyorlar. Nereyse orası...

Nasreen: *Elindeki poşetten bir plastik çanak çıkarır. İçine biraz su döker. Ellerini ve yüzünü yıkar. Sonra eski bir havluyla kurutur.* Dizlerim çok ağrıyor. Soğuktan herhalde... Olduğum yerde kalmalıydım... Ölsem ne fark ederdi ki! Bu hain topraklarda yaya seyahat etmeyi nasıl göze aldım, bilemiyorum. Ama gel bak ki oralarda kalmaya dayanamadım. Aklımı kaybediyorum sandım. Burada en azından soğuk bana hayatta olduğumu hissettiriyor.

Hatice: Aynen öyle. Hadi abla gel otur da bir şeyler atıştır. Dün sabahtan beri ağzına bir lokma koymadın. Çocuklar daha uyanmadı. Birazdan yardım meleklerimiz bir şeyler getirecekler. Nazik, iyi insandırlar ama ne yazık ki hakkımızda karar verme yetkileri yok. Sadece yiyecek ve giyecek dağıtıyorlar. Ona da şükür.

Nasreen: Afiyet olsun kızım... Senin oncağız yiyeceğe benden daha çok ihtiyacın var. Bebe emziriyorsun...

Hatice: Olur mu abla. Gel otur şuraya. Ne varsa paylaşacağız. Birazdan takviye gelecek zaten, aç kalmana gerek yok.

Otururlar. Sahne kararır. Tüm oyuncular sahneden çıkar.

Sahne 3

Sabahat Akkiraz'ın seslendirdiği 'Haydar Haydar' türküsünün enstrümantal bölümü çalar ve ses kısılır.

Sahne yavaş yavaş ışıklanırken Abdullah yarı karanlık sahnenin bir köşesinden yürümeye başlar. Elinde bir çanta vardır, omuzlarına eski bir battaniye sarmıştır. Sahnede bir daire çizerken kendi kendine konuşur. Bir kayanın üzerine oturacağı an seyirciye bakar. "Oturup bekliyoruz" der. Bu arada, diğer mülteciler de sahnenin etrafında dolaşıp dururlar. Sahnenin arka bölümüne Macaristan'ın sınır boyuna diktiği yeni tel engelin silueti görünür.

Abdullah: Kalamadım... Maalesef Kobani'de kalamadım...

Orta Avrupa beldesindeyim.

Sahnedeki diğer insanları işaret eder.

Macaristan sınırında, çelik çit boylarında dolaşıp duruyoruz.

Don örtülü geceleri, varsa eğer, çadırda geçiriyoruz.

Hayır kurumlarına bağışlanan eski battaniyelerin

artık ısıtmayan gölgesinde

iki ölçü büyük, ya da küçük giyeceklere bürünüp

tekeş naylon iplik çoraplarla ısınmaya çalışıyoruz.

gündüzler geceye, geceler gündüze karışırken

oturup bekliyoruz! Hep bekliyoruz...

Acı acı gülümser.

Hoş bulduk.

İnsan haklarını savunanların kahramanı

Avrupa!

Şefkatle kucaklanacağımızı hayal ettiğimiz

kışkırttıkları anlamsız savaşların

kan kusan öfkesinden uzak

yepyeni bir hayatı heyecanla beklediğimiz

'medeniyetin merkezi' AB topraklarındayız!

Işıklar kısılır ve söner. Karanlıkta Abdullah sahneden çıkar.

Tablo 1

Işıklar yavaş yavaş aydınlanırken sahnede oyuncular küçük gruplar halinde fısıldaşır. Ardından kadronun bazı üyeleri teker teker sahneye çıkarken slogan atarlar. Son slogandan sonra sahnede ışıkla birlikte ürkütücü bir füze patlaması duyulur.

1. Aktör: Dilenci misali, verilen ekmeği sunulan çayı kapıp kaçıyoruz.
2. Aktör: Bir evimiz vardı...
3. Aktör: Bir yuvamız!
Nasreen: Bir aile yerimiz.
Abdullah: Kendimize ait bir ev!
Nasreen: Bir sürü kuzularım, eşim de vardı... Ama şimdi yok.
Abdullah: Benim yavrularım Ege'nin azgın dalgalarına yenik düştü.
1. Aktör: Oralarda bir ev vardı, bir köy, bir kasaba, bir şehir...
2. Aktör: Şimdi yerle bir...
Abdullah: Silahlarınızla talan edilen hayatlar sınır boylarında taban tepiyor...

Füzeyi andıran ışık ve ses sahnede patlarken tüm kadro, hepsi sanki vurulmuş gibi "ah" çeker ve hemen sesleri kesilir. Oluşturdukları insan draması tablosu donar. Ardından sirenler duyulur. Silahlı Macar polisler genç bir mülteciyi tutuklar ve coplarla diğerlerine sahnenin arkasına yansıtılan demir çitlerden uzaklaşmalarını emreder.

Sahne karardıktan sonra tüm kadro sahneden çıkar.

Sahne 4

Işıklar yandığında, birkaç kişi çorba mutfağının önünde kuyrukta bekler. Nasreen sehpanın arkasında çorba ve sandviç servisi yapmaya başlar. Mülteciler küçük gruplar halinde yemek yerken kendi aralarında sohbet ederler. Gruplardan kibar konuşmalar, arada kahkahalar yükselir. Kısa bir süre sonra bir polis sireni duyulur. İki polis memuru (bir erkek ve bir kadın) bir çadırı söker. Müdahale etmeye çalışan mültecilerle iki Fransız polisi arasındaki çatışma kavgaya dönüşür. Diğer mülteciler çadırlarından taşıyabilecekleri eşyalarına sahip çıkmaya çalışır. Nasreen endişeli, olanları izlerken bir şarkı mırıldanmaya başlar. Boş kapları bir karton kutuya koyarken şarkı söylemeye devam eder. Abdullah sahneye girer. Servis sehpasına yakın bir bankta oturup Nasreen'in şarkısını dinler. Nasreen çorbayı karıştırmakla ve servis masasında karton kutudan çıkardığı sandviçleri dizmekle meşguldür. Abdullah'ın kendini izlediğini fark edince hemen susar.

Abdullah: Selamünaleyküm... Ne güzel bir melodi. Sesin de çok güzel.

Nasreen: Çocukluğumdan beri söylediğim bir şarkı... Yaşadıklarımız, biraz önce yaşadığımız olaylar çağrışım yapıyor herhalde. Farkında olmadan söylemeye başlıyorum. Az önce başka bir çadır daha yıkıldı. Neden? Bu insanlar nasıl bu kadar kalpsiz olabiliyor ki? *Çorbayı karıştırmaya devam eder.* Seni günlerdir görmedim. Gel, bir çorba bir sandviç al. Aç kalmak hiçbir şeyi değiştirmez. Ben de toparlıyorum artık. Birazdan sana katılırım.

Abdullah masaya yaklaşır ve alüminyum kupasını uzatır.

Nasreen: *Abdullah'ın kupasına bir kepçe çorba koyar.* Dur bir yarım kepçe daha vereyim. Geç oldu. Artık gelen giden olmaz sanırım...

Abdullah: Teşekkürler, sağ olasın. Eminim bu uzun seanstan sonra yorulmuşsundur. Gel otur da birlikte yiyelim.

Az önce oturduğu yere döner. Servis masasının etrafında boşalan tencereleri iç içe koyup karton kutuya yerleştiren Nasreen'i beklerken İki mülteci yiyecek almak için Nasreen'in olduğu masaya yaklaşır. İlkinin kupasına kalan çorbayı doldurur. Son gelen kadına "Hepsi bitti, üzgünüm" dercesine omuzlarını kaldırır. Kadın uzaklaşmak için döner.

Nasreen: Az bekle... *Çantasından yiyecek çıkarır.* Kendim için ayırmıştım... Gel paylaşalım. *Başını eğen kadının kupasına kendi kupasından biraz döker. Kadın sağ elini göğsünün soluna basıp teşekkür eder.*

En son gelen mülteci: *Fısıldayarak...* Şükran.

Nasreen birkaç saniye daha kap kacakla uğraştıktan sonra alüminyum kupasını alır ve Abdullah'a katılmak için sahnenin ortasına doğru yürür.

Abdullah: *El işaretiyle Nasreen'e oturması için yer gösterir.* Buraya oturabilirsin Nasreen... Bak daha rahat olur diye üzerine paltomu da serdim. *Duraklar.* Böyle işte... Bir aile gibi birlikte yemek yiyelim. Yalnız başına karın duyurmak hoş bir şey değil.

Nasreen: Bilmez miyim?.. *İkisi de bir an sessizce yemek yerler. Sonra Nasreen anlatmaya başlar. Abdullah dikkatle dinler.* Mütevazı mutfağımızda, eşim ve çocuklarımızla birlikte yemek yerdik. Zengin değildik tabii ama rahattık... Sonra bir bomba evimizi yerle bir etti. Canlarımın hepsi enkaz altında kaldı. Ne olduğunu anlamadım, anlayamadım. Neden? Biz siyasetle ilgili değildik... Hâlâ anlamıyorum. O zalimler hak etmediğimiz bir bedel ödediğimizin farkındalar mı? Yavrularımı, eşimi kaybettim. Neden! O masum çocuklarım niye enkaz altında can verdi? O anlamsız savaştan kimlerin ne kazanımları vardır? Bunlar cevapsız sorular biliyorum ama yine de sormaktan kendimi alamıyorum.

Duraklar. Artık orada kalamazdım. Yollara düştüm, bana yatacak bir döşek teklif edenlere karşılığında ayak işlerini gördüm. Bazen yol kenarlarında kuytu yerlerde gecenin serinine soğuğuna aldırmadan uyumaya çalıştım. Sonunda, kendimi bu "ormanda" buldum.

Benim gibi evsiz yurtsuz kalan bu insanları görünce, yalnızlığımı unuttum. Burada kendime bir hedef tespit ettim. Başkalarına yardımcı olmakla kendi derdimi biraz olsun unuturum diye düşündüm. Şu derme çarpma mutfağa takıldım. İyi geldi. İnsanların hayat hikâyelerini de dinliyorum. İnanın her birinin, roman olacak denli acı-tatlı yaşam öyküleri var. Kendi kederimle başa çıkmama yardımcı oluyor. *Yine duraklar.*

Siz, bu yoksul topluluk, burada büyük bir aileyiz. Farklı ülkelerden, farklı toplumlardanız ama hepimiz aynı burukluğu yaşıyoruz. Burada ne yiyeceğimiz varsa paylaşıyoruz, dilimizin yettiği kadar kayıplarımızı konuşuyoruz, ailelerimizle yaşadığımız eski günleri yad ediyoruz. Yıkılan yuvamızdan söz ediyoruz. Geleceğin neler sakladığını hangimiz bilebilir ki! Kısmet!

Abdullah: *Nasreen'i dikkatle dinler ama konuyu deşmez...* İnsanın sevdiklerini, evini yurdunu kaybetmesi korkunç bir şeydir Nasreen. Bir şekilde kendini meşgul etmeyi başarıyorsun. İyi bir şey... *Duraklar.* Ama şu "kısmet" denen şeyin vermesi gereken çok hesabı var... Allah'ın da... bence!

Nasreen: Aa, öyle demeyin... Bence tüm bunlar insanların işi, yüce Allah'la bir ilgisi yok.

Abdullah: Haklısın ama bu Allah denen güç bizlere merhamet göstermeyi de pek düşünmüyor galiba Nasreen... İnsanlığına sıkı sıkı sarılmanın yolunu bulduğuna sevindim. *Yine sessiz kalır.*

İkiz oğullarımla eşimi kaybettim. Kobani'de kalıp devrim için savaşmalıydım... Ama yaşamın, mücadele etmenin anlamı kalmadı... Yapamadım! Yine yollara düştüm. Şimdi de sınır boylarında dolaşıp duruyorum, Godot'yu sonsuza kadar bekliyormuş gibi.

Nasreen: Godot mu ne, onu bilmem ama yüce Allah'tan umut kesilmez. Allah büyüktür. *Yine sessiz kalırlar. Nasreen devam eder.* Şu azgın denizi aşmak için bilet satılıyormuş. Bu yolculuk hakkında ne biliyorsun Abdullah? Sence güvenli mi? Bu sığınakta kendimi bir şekilde daha güçlü hissetmeye başladım... Sanki evimde yerimdeymişim gibi bir his var içimde. Sadece birkaç yüz çadır ve derme çatma kulübeler, biliyorum ama birbirimize göz kulak oluyoruz, yiyeceklerimizi paylaşıyoruz. Bahsi geçen bu yolculuk gerçekten daha iyi bir gelecek getirebilir mi dersin? Sıcak bir dam altında uyumayı özlemedim diyemeyeceğim...

Abdullah: *Düşüncelidir.* Pek emin değilim! Tehlikeli bir yolculuk... Dalgaların neredeyse göğe değeceği şu kış aylarında PVC'den yapılmış botta yolculuk yapmak pek akıl kârı değil sanırım... İçinde olduğumuz ülkenin tutumu değişmeli... Değişmesi için zorlamalıyız. Denizin her iki tarafında yapılan baskılar kabul edilmez. İnsan haklarımız her gün ihlal ediliyor. Kabul etmemeli, direnmeliyiz.

Körpe çocukların, gençlerin bu gettoda nasıl bir geleceği olabilir ki! Hâlbuki hepsi de pırıl pırıl çocuklar. Herhangi bir toplumun refahına refah katabilecek kapasitedeler. Bu ormanda belki bir gün, şu azgın denizi aşıp yeni bir hayata başlamak umuduyla büyüyorlar! *Soluklanmak için duraklar.* Bizse, bize cüzzamlı muamelesi yapanların koynuna girmeye çalışıyoruz... *Derin nefes alır.* Bu yavrular hayatta kalabilmek için paylaşımı, dayanışmayı öğrendiler. Bu değerler daha adil bir sistemin tohumu, çekirdeği olabilir. Devletlere emanet edilen güç onlarda olsa, emin ol dünyayı değiştirirler.

Nasreen: Kesinlikle Abdullah... Büyük şeyler çekirdekten başlar. Ve bildiğim bir şey varsa o da birbirimizi desteklediğimizde ve birlikte çalıştığımızda her şeyin çok daha iyi olduğudur.

Abdullah: Aynen öyle.

Bir süre sessizce yemek yerler. Sonra Nasreen ayağa kalmaya çalışır. Dizlerine masaj yaparken dinmeyen ağrılarından şikâyet eder.

Nasreen: Artık mutfağı toparlamaya başlasam iyi olacak. Her gün aynı yemeği servis ettiğim için üzgünüm. Ama bilmem fark ettin mi? Aynı dili konuşanlar birlikte oturup yiyeceklerini paylaşırken kendi aralarında sohbet ediyorlar. *Tekrar dizlerini ovar.* Ah bu dizlerim. Bir bilet alıp şansımı denemeyi düşünüyorum. Çok param olduğundan değil ama belki şansım değişir. Kim bilir! Bu öfkeli dalgaların diğer tarafında, başımı altına sokacak bir çatı, uyuyacak sıcak bir yatak bulabilirim. Ümidimi kırmamam lazım...

Abdullah: Hepimiz bizi refaha çıkaracak olan o bileti merak ediyoruz. Ama bu bir saçmalık, biliyorsun değil mi? Karşı tarafta, Ruanda'ya veya başka bir ülkeye, tek yönlü bir biletle gönderilmek için hapiste bekleteceler. Hepsi bu... Paran varsa sakla bence. Bütün bunlar bir aldatmaca. Şu kükreyen denizde, bir oyuncak botta yolculuk kendi kendimize idam cezası kesmek gibi bir şeydir! Allah aşkına kaçımız yüzme biliyoruz? Boş yere umudumuzu harcamayalım. Daha akla yatkın çözümler bulmamız gerekiyor.

Dizine de dikkat et dostum. Soğuktandır. İliklerimize işliyor.

Nasreen: *Sanki kişiliği değişmiş gibi, öfkeyle...* Ama Abdullah, umutsuz yaşanmaz ki! Neyse ben bu işi kendim hallederim!

Abdullah: O zaman sana iyi şanslar dilerim Nasreen! Bota binmeden önce verdikleri can yeleğinin sağlam olduğundan emin ol... Adamlar acımasızlar.

Nasreen, çantasını alıp kaçarcasına servis masasına doğru ilerlerken daha önce seslendirdiği şarkıyı tekrar söylemeye başlar. Bir taraftan da masayı temizlemeye çalışır. Abdullah da ayağa kalkıp çantasını omuzuna atar. Işıklar yavaş yavaş kısılır ve sahne kararır.

Sahne 5

Fonda *Haydar Haydar türküsünün enstrümantali çalmaya devam eder.*

Abdullah, ayni bankta oturuyor. Seyirciye sırtını dönmüştür. Birden dönüp seyirciyi göz hapsine alır.

Abdullah: Faşizm dünya çapında, uluslararası sermaye olarak kök saldı.

Çoğumuz bu acımasız sisteme ayak uydurmaya çalışıyoruz.

Belki de bunu hayatta kalmak için yapıyoruz.

Sermaye, boyun eğdirme ilkesi üzerinde kurulmuştur.

Onu ve felsefesini reddedenler yok olana kadar süründürülür.

Batıda, bu vahşeti kamufle etmek için

Paradan yoksun, sahte sosyal devletler yaratıldı.

Yoksul ülkelerdeyse silahlar kükrüyor!

Işıklar kısılır ve sahne kararır.

Bu arada Sabahat Akkiraz'ın seslendirdiği Haydar Haydar türküsünün enstrümantal tema müziği giderek yükselir ve ardından kısılır.

Sahne 6

Abdullah sahnede seyirciye sırtı dönmüş oturur. Sahne ışıklanınca hızla dönüp yine seyirciyle yüzleşir.

Beni en çok şaşırtan nedir biliyor musunuz?

Genelde "makul" görünen insanların yabancılara ve özellikle mültecilere karşı acımasız tutumları.

Aslında hiç şaşmıyorum ama esefle izliyorum.

Oyuncular sahneye çıkıp dolanırken hoşgörüden yoksun sloganlar atarlar.

Erkek Oyuncu: Kahrolası mülteciler... Ekonomik göçmenler.

Kadın Oyuncu: Kendi ülkemizde bunlar yüzünden işsiz kaldık. Emeğimizin karşılığını alamıyoruz.

Erkek Oyuncu: Sınırlarımız açık. Kontrol yok.

Kadın Oyuncu: Birçoğu Müslüman. Kendilerine has âdetleri, gelenekleri var.

Kadın Oyuncu: Batılı değerleri paylaşmıyorlar.

Erkek oyuncu: Hepsi cahil.

Kadın Oyuncu: Bunların kaçı teröristtir? Bilinmiyor!

Erkek oyuncu: Erkeklerinin hepsi seks düşkünü manyaklar.

Abdullah: *Sahnenin ortasına doğru ilerler, suçlayıcı bakışlarla izleyiciyi göz hapsine alır.*

Hepsi saçma! Gerçek ne biliyor musunuz?

Siz köpeklerinize

sağ kalabilmek için evlerini ülkelerini terk eden mültecilerden daha çok değer veriyorsunuz.

Lüks mağazaların camekânları önünde

gecelerini geçirmek zorunda kalan evsizlerden de.

Yoksulluk ve bağımlılık yaratan sınıf sistemini değil,

O zavallıları suçluyorsunuz.

Siz gerçeği görmekten yoksunsunuz…

Sorun bu!

Sahne kararır.

Sahne 7

Işıklar yanar, Abdullah hâlâ sahnededir. Bir grup oyuncu sahneye girer. Aralarında Nasreen de vardır. Abdullah, neler olup bittiğini görmek için kalabalığa yaklaşır. Dört kadın ve iki erkek, ormanın sakinleri olduklarını gösteren çeşitli kıyafetleri çabucak giyerler. Atkılar, battaniyeler, çok büyük ceketler, vesaire. İyi ve şık giyimli iki adamın etrafında toplanırlar. Teknelerinde bir yer kiralamayı ve Kuzey Denizi'ni geçmeyi hedef alan mültecilerle tartışıyorlar.

Nasreen: O kadar parayı nereden bulabiliriz ki?

İnsan Kaçakçısı: Hadi canım! Mücevherlerini sütyeninin içine sakladığını hepimiz biliyoruz.

1. Kadın: İğrenç adam!

1. Erkek: Bu tekne oyuncak gibi... Bununla asla karşıya varamayız!

İnsan Kaçakçısı: Karar senin. Kimse zorlamıyor.

2. Kadın: Desene gündüz vakti soyuluyoruz. Üstelik kaçımız yüzme biliyor ki?

İnsan Kaçakçısı: Can yelekleriniz olacak. Olacak tabii ki!

2. Erkek: Peki diğer tarafa geçtiğimizde ne olacak?

3. Kadın: Eğer diğer tarafa geçebilirsek!

İnsan Kaçakçısı: Görevimiz bitmiş sayılır... Ama tavsiyem hepinizin bir arada kalmasıdır.

4. Kadın: Bizimle olmayacak mısınız?

İnsan Kaçakçısı: *Sırıtır.* Şaka mı yapıyorsun?

Hepsi: Ne!

Abdullah: *Derme çatma bir taburenin üzerine çıkar.*

Yoldaşlar,

Bu azgın suların diğer ucundaki dünya, aynı dünyadır...

Belki daha da kötü.

Karşı yakaya geçersek bir gözaltı merkezine götürülürüz.

Eğer o şiddetli dalgalara yenik düşmezsek tabii ki...

Hepimiz kandırılıyoruz.

Bunların sunduğu umut büyük bir aldatmacadır.

Kanmayın!

Kaçakçı 1: Bakmayın... O ne dediğini bilmiyor! Bir şey bildiği yok onun...

Abdullah: *Aldırmaz. Devam eder.*

Bu Avrupa denilen sözde medeni kıtada sahip olduğumuz tek mekân

şu an içinde bulunduğumuz mekândır.

Buraya dahil olabilmek için direnmemiz gerekiyor.

Sonuçta buradayız... Bu topraklarda...

Kaçakçı 2: Evet... ve domuzlar da kanatlanıp uçacak! O kadar saçma!

Nasreen: Adamın bir diyeceği var. Bırakın söylesin!

Kalabalık: Evet... tabii ki... bırakın adam bildiğini söylesin!

Abdullah: *Devam eder.*

Faşizm bukalemun misali uluslararası sermaye şeklinde daha da güçleniyor.

Gaddar sermaye dünya çapında hızla ivme kazanıyor...

ABD'de, Avrupa'da, Orta Doğu'da büyüdükçe güçleniyor.

Oynadıkları oyunun adı böl ve yönettir.

Bugün dünya nüfusunun yarısından fazlası yoksulluk içinde yaşıyor.

Milyonlarca insan, masum çocuklar dahil, açlıktan ölüyor... Tıpkı bizim gibi.

Gerisi ücretli köle olarak çalıştırılıyor.

İşsiz kalanlar bir hafta, bir ay, bilemedin bir yıl içerisinde

gıda bankalarında dileniyor.

Ev kiralarını ya da uzun vadeli ev borçlarını ödeyemiyorlarsa

sokağa atılıyorlar.

Baş kaldıranlar hapse atılıyorlar

ya da bizler gibi kendi evlerimizde bombalanıyorlar.

Kalabalık: Evet. Tam öyle yoldaş!

Abdullah: Adaletsiz bir dünyada tutsağız.

Umudumuzu o karanlık ve tehlikeli denizin ötesinde

yeni bir hayata odaklıyoruz.

Şu acımasız dalgalara daha kaç kişiyi kurban vereceğiz?

Diyelim ki güvenli bir şekilde karşıya ulaşabildik.

Sonra ne olacak?

Tek yön biletle Ruanda'ya veya o gün iktidarda olanların gelişi güzel kararlarına uygun başka bir ülkeye sevk edileceğiz.

Artık gerçekçi olma zamanımız geldi de geçti bile...

Kalabalık: Adam haklı... Tabii ki!

Abdullah: Geleceğe umutla bakmak için direnmek en doğal hakkımızdır.

O umudu boş yere kuzey denizini kauçuktan yapılmış bir botla geçmeye harcamayalım.

Karşı tarafta daha cazip bir şey yok.

Gördüğümüz refah sadece bir seraptır!

Avrupa hükümdarları insan hakları şartlarına sadık görünüyorlar.

Ama aslında yaptıkları tek şey riyakarlık!

Topraklarımıza sahip çıkan, kendi çıkarlarına göre yönetenler

bizleri insan olarak görmüyor.

Kalabalık sessizce dinler. Abdullah gördüğü ilgiden cesaret alarak devam eder.

Burada kalıp direnmeye devam edelim.

Direnelim ki mücadelemizin haberi tüm dünyaya yayılsın.

Şu olduğumuz yerde istediğimiz dünyayı yaratalım.

Farklı bir hayat için umudumuzu buna odaklamak

Kuzey Deniz'ini geçmeye çalışmaktan daha gerçekçidir.

Çünkü bu umut

gerçekçi bir değişimi körükleyecek.

Aç insanların karnını doyuracak.

Her aile için bir yuva sağlayacak.

Ülkelerimizdeki silahları susturacak.

Bu değişim

dünya ekonomisinde ve siyasette zorbalığa son verecek.

Savaş alanımız burasıdır.

Temel insan haklarımızı elde edebilmek için

birlikte mücadele edeceğimiz yer yine burasıdır.

Burada da varlığımızı hiçe sayan bir hükümet var.

Durumumuzun daha da kötü olacağını bildiğimiz

başka bir yere göç etmek için neden hayatlarımızı riske atıyoruz!

Neden!

Temel İnsan Hakları tüzüğünü

Avrupa Birliği üyelerinin tümü onayladı.

Riayet etmekse onların görevi.

Bunu talep etmek bizim de hakkımızdır.

Haklarımızı korumak bizim görevimizdir.

Bunu ancak birlikte direnerek başaracağız.

Dinleyiciler: *Bağırarak...* Başaracağız!

Uzaktan dinleyip inanmaz gibi görünen kamp sakinleri Abdullah'ın etrafında toplanmaya başlar. İnsan kaçakçıları sahneden sıvışır. Sahne kararır.

Fonda Haydar Haydar türküsünün enstrümantal müziği yükselir ve hemen sonra kısılır.

Perde

Son

2

Annemin Turunç Reçeli[1]

Karakterler

Ömer: 60 - 75 yaşlarında orta boylu bir adam.

Anne: Ruh kadın, 45 - 50 yaşlarında.

İyi Kalpli Rahip: 30'lu yaşlarında bir adam.

Papaz: 70 - 75 yaşlarında bir adam.

Ömer, Filistinlilerin yerel kıyafetlerine bürünmüş, sahne ortasına yerleştirilen sandalyede oturmaktadır.

Fonda müzik ve koro "Oh Britannia, Britannia, marmalade, and jam!" sözcüklerini seslendirdikten sonra kısılır.

Ömer: *Işık halkasındadır. Gülümser.*

Kadınlar ve erkekler, kırsal Sussex bölgesine doğru ilerliyor, ve "O Britanya" marşının değiştirdikleri mizahi sözlerini bağıra çağıra okuyorlar.

---

[1] 2017'de tiyatro eğitimi alırken İngilizce yazdığım oyunun Türkçe çevirisidir.

Bir yürüyüş grubu, aralarında ben de varım.
Dağ, tepe, tarla, bayır
Shakespeare'in 'helalimiz' dediği
bu ülkede
önceden tasarlanmış patikalarda
taban tepiyoruz.

Sevmiyor değilim, haşa
ama burada da
İskenderiye'de olduğum kadar
yalnızım.

Bir an sessiz kalır. Üzgündür.

Durmadan başa saran bir dizi gibi
36 saat enkaz altında kalmamın
dramını yaşıyorum hâlâ.

Emniyetli bir yere sığınmak için
sadece birkaç dakikamız vardı.

Öyle bir yer de yoktu zaten.

Annem o an,
duvarla örülmüş avlumuzun ortasında
kuyuya gölge yapan turunç ağacının meyvesinden
reçel yapmakla meşguldü.

Kurtulurum ümidiyle beni
merdiven altına itti,
son gücüyle.
Sonra kalanları kucaklamaya koştu.
Kalabalıktık.

Babam kahvaltı masasından
henüz kalkmamıştı.
İşitme engelliydi babam.
Annemin öfkeli koşuşturmasına
anlam veremedi.
Tam neler olduğunu soracaktı ki
ilk bomba eve düştü.

"Benim gözüm kulağım annenizdir" derdi.
Ne olduğunu, ne olacağını anlamak
ciddi bir durum var mı gözlemek için izlerdi annemi.

Şimdi durum ciddi değil, acildi.

Annem canları kurtarmakla uğraşıyordu,
anlatacak zamanı yoktu.
Babam da durumu kavrayacak zamanı bulamadı.
İlk ateş gelmişti bile.
Babamı sessiz kıldı.

Toz duman, barut kokusu
hâlâ boğazımı zorluyor.

Gerisi meçhul...

Bombalama bittiğinde bir tek ben yaşıyordum.
Bacaklarım enkaz altında,
yüzüm toz topraktı.
Kızıl Haç çekip çıkarmış beni.
Öyle diyorlar.

Adım Ömer.
Filistin'de doğdum
Mısır'da rahiplerin yanında büyüdüm.
Rahipler beni beslediler.
Eğittiler.
Doğru.
Ama başka şeyler de yaptılar,
maalesef...

Kurtulmak için Londra'ya kaçtım.
Sayılar daha az konuşturur.
Muhasip oldum ben de.

Ömer'im ben, hep Ömer.

Müslüman'ım, hamdolsun
O rahipler en azından bunu değiştiremediler.

Mısır'da ezan sesine uyanmak
benim tek zevkimdi diyebilirim.

Çan seslerini sevmiyordum,
pazarlar hariç, o gün ne ahenkliler.
Armonik ses, yaralı ruhumu
Rahatlatırdı.
ondan belki..

Düşüncelidir...

Unutmuşum şuur altına gömülenleri.
Hatıralar travma gibi
yeniden beynime kazındı...

Diz çökmüş dua eden anam var oralarda.

Bizi aklayıp paklayan
usanmadan yemek pişiren
dokuz çocuğu yedirip içiren
yığılmış çamaşırı elde yıkayan
annem.
Hep ordaymış meğer.

Şarkısıyla, türküsüyle hep orda.
Kâh bizi uyutmak,
kâh eğlendirmek olsa da amacı...
Onun hayat felsefesini sergilerdi şarkılar.
Dogmatik inançlardan uzak
etik yaşam felsefesiydi
yolunu aydınlatan.

Işıklar kısılır. Fonda enstrümantal müzik eşliğinde ışık halkası altında beliren ruh kadın, "Haydar Haydar" şarkısının birinci ve üçüncü bölümlerini okurken ışıklar kısılır.

Ruh Kadın:

Ben melanet hırkasını kendim giydim eğnime
Arı-namus şişesini taşa çaldım, kime ne
Ah ! Haydar Haydar, taşa çaldım kime ne

Kâh çıkarım gök yüzüne, seyrederim alemi
Kâh inerim yer yüzüne, alem seyreder beni
Ah ! Haydar Haydar, alem seyreder beni

Kâh giderim medreseye, hu çekerim Hak için
Kâh giderim meyhaneye, dem çekerim zevk için
Ah! Haydar Haydar, Dem çekerim zevk için.

Ömer kararan sahnede şarkı bitene kadar sessiz kalır.

Ömer:

Anamın sevgi dolu güzel sesi
hep kulağımdaymış, farkında değildim.

İspanya'nın Sevilla şehrindeydim yakın geçmişte.
Yolları renklendiren,
ön bahçeleri süsleyen,
meyve yüklü turunç ağaçlarının
sembolü olduğu şehir...

Bahar değildi ama
hayalimde onları
beyaza bürünmüş gördüm,
narin kokularını duyumsadım.

Baharda
mütevazı evimizin sokak kapısından
avluya girdiğimde
turunç çiçeklerinden savrulan misk kokular
uyandırırdı bende böyle duyguları.

Ama bana bir şeyi hatırlattı bu koku,
iç bahçemizin ortasındaki kuyuya şemsiye tutan
o turunç ağacının meyvesinden

annemin kaynattığı
reçelden süzülen
baş döndürücü kokuları.

Enkaz altına gömülmeden
reçeli karıştırmak için kullandığı
tahta kaşıkla
bana tadımlık reçel uzatırken
gülümseyerek
"güzel mi?" diye sormuştu.

Annem, seni özlüyorum...
Bilincinde olmasam da
reçele düşkünlüğüm
seni hatırlattığı içindi.

Şimdilerde
bir o kadar daha bağlıyım reçele.
Şekerim düşünce, uzanıp aldığım
bir çay kaşığı turunç reçelidir.

Adım Ömer.
Henüz birkaç ay öncesine kadar
duvarımda kraliyet ailesinin resimleri vardı.
Fuzuli, müsrif hayat tarzlarını

göz ardı ettiğim
düne kadar önemini savunduğum
parazit ailenin resmi.

Geç da olsa, uyandım.

İlginç değil mi!
Ben kalabalıkta da yalnızım.
Yalnızlığımın devamını sağlayan
alışkanlıklarım var mesela...
Gezginlerle yürüyüşlere katılmam gibi.

Geçen gün yine gittim.
Değişen bir şey yok.

Otobüste
kırsal Sussex'e doğru ilerlerken
emperyalizmden arındırılmış marş
eskiden olduğu gibi şevkle söylendi

Eskiden
sessizdim şimdi olduğum gibi.
Utangaçtım...

Onlar, enstitüde rastgele tanıştığım
sözde dostlardı.
Alkolün körüklediği taşkınlıklarla
coşup eğlenen aynı "dostlar."

60'lı yıllardı.
Gençlerin eskiyi gömmeye kararlı olduğu yıllar!
Millî marşlarını
ezip geçiyordu delikanlılar!

"Hükmet dalgalara Britanya!" sözcükleri
utançtı sanki dillerinde.
Kimileri benimsemişti yeniliği.
Kimiler tarz uğruna feda ediyordu.
Bir türlü beynimde iz bırakmayan
Britanya övgüsünü.

"Auld Lang Syne..." halk türküsü
tercihimdir hâlâ!

Fonda şarkının enstrümantal müziği birkaç saniye çalar...

Ömer'im ben, hep Ömer.
Hayatta iki kez taciz edildim.
İlki, tüm ailemin, kendi evimizde yok edilmeleriydi.

Ülkemiz Filistin'de yeni bir devlet kurmak
faşistlerin suçlu ruhunu rahatlatmak uğruna
harcanan insanlardan bir küme.

Dier Yasin'di köyümüzün adı.
O gün üçte birimiz katledildi.
Civar köylere yerleştirilenler
müdahale etmeseler
hepimizi yok etmeye kararlıydılar.

"Nakba", ah o talihsiz göç.
Dier Yasin katliamının akıbetiydi.
İnsanımın nefsine, ırzına, canına saldıran
yarımızı katledip civardaki taş ocağına taşıyanlar
kanlı ellerini yıkadıktan sonra
"La khayım"ı[2] kutladılar.

Öfkeyle...

Diğeri, ayarsız rahiplerin
beni enkaz altından çıkarıp
geniş kaftanlarına sardıkları
kâbus yıllardı.

---
2 Hayatı.

Bir an sessiz kalır... çok üzgündür...

Rahibin her ziyaretinde
geçmeyen saniyeleri
sayıp durdum.

60

70

80

100...

Pazar geceleri rahattım.
Kutsaldı pazar günleri, akşamları.
Günahtı o eylem.
Aslında hep günahtı ama
çanların saat başı çaldığı
sessizliğin kulakları çınlattığı
pazar akşamları
çocukluğumu harcamak
bir o kadar daha günahtı.

Sanki henüz o an hatırlamış gibi...

İyi bakım görüyordum aslında
hem de şımartılırcasına.

Yiyecekler
oyunlar, oyuncaklar
sindirerek okuduğum kitaplar...
Gündüzler sorunsuzdu
ama
İskenderiye'nin civar camilerinden
son ezan sesleri kesilince...

Fonda ezan sesleri bir an duyulur ve ardından kesilir...

Günün hazzı kabusa döner
çocuk ruhumun çığlığıyla
bütünleşirdi...
Hâlâ öfkeliyim

Hızlanır...

İyileri de vardı tabii
o rahip gibi.
Ama onun şefkati
kapanmayan yarama
merhem olamazdı ki!

Saray oğlanları gibi

gündüzün tanrılarıyla bütünleşen
rahiplerin, akşam sefasıydım.
Pazar akşamları hariç.

Sonra Faruk geldi.
Zavallı, masum Faruk.
Enkaz altından çıkarılan
bir Filistinli daha.

Oyun bozan oldum.
Tehdit ettim.

Acı acı gülümser

"Artık gerçek hayatı tatma zamanın geldi" deyip
manastıra yakın bir daireye tıktılar bu kez.

Acı gülümsemesi devam eder

Papaza söyledim... Söyledim tabii.
Her şeyi...
Ne dedi biliyor musunuz?
"Bu şeytanın işi!" dedi

Sahne kararır. Ömer olduğu yerde donar. Papaz ışık halkası içinde belirir.

Papaz:

Acaba bunu gerçekten arzuluyordun da hayaline mi düştü?
Olur ya...
Çocuk bedenimiz olgunlaşırken
kontrol dışı arzularımız
bazen gerçek gibi görünür.

Bir an sessiz kalır sonra farklı bir tonla.

Yalan söylemenin günah olduğunu
biliyorsun değil mi çocuğum?

Papazın üzerindeki ışık söner, sahne kararır.
Işık halkası Ömer'e kayar. İronik bir tebessümle tekrar anlatmaya devam eder.

Ömer:

Ardından konuyu değiştirip
"dersler nasıl?" diye sordu.
Bu arada
zavallı, masum Faruk
manastırın acı tatlı düzeniyle
tanışıyordu.

Yine bir an sessiz kalır.

Londra'ya kaçmaya karar verdim.
İyi kalpli rahibin yardımıyla
Greenwich semtinde
Hristiyan gençler koğuşuna yerleştim.

Işık halkası söner. Tekrar yandığında iyi kalpli rahip ışık altında görünür.

Rahip:
İngiltere'ye ayak bastıktan sonra
İltica izni talep etmeyi unutma.
Biliyorsun
Filistin'in Deir Yasin köyünde doğdun.
1948'de, daha çocukken
bir katliamda öksüz kaldın.
Akabinde nakba gerçekleşti.

Kudüs'ün doğusunda yaşayan
sekiz yüz bin Filistinli
daha güvenli bir yaşam için
pek de istenmedikleri
civar ülkelerin sınır boylarında
harcandı.

İronik değil mi?

Şimdi köyünüz bir ruh sağlığı merkezidir.
Holokost'tan kurtulanlara
ve Deir Yasin'de, körpe yavrularının
katliamına tanık olan,
tecavüze uğrayıp aklını kaybeden
Filistinli kadınlara
terapi sunan bir merkez!

Işıklar söner ve ışık halkasında Ömer öne çıkar.

Ömer: *Öfkelidir.*

Bunca yıl, bilmiyordum.
"Seni bir yetimhaneden aldık" dediler.
Ama İskenderiye'deki yetimhaneden değil öyleyse.
Hayır... Doğu Kudüs'te
bir iyilik perisinin evinden.

Işıklar söner ve iyi kalpli rahip ışık halkasında tekrar öne çıkar...

Rahip: Katliamdan kurtulan yetimler
baba evinin girişine bırakıldı.
Aralarında sen de vardın.
Hepinizi içeri aldı.

Ama onca çocukla baş etmek mümkün değildi ki!

Acı acı gülümser.

"Hristiyan olsalar da sonuçta din insanları...
Çocuklara iyi bakarlar...» İşte böyle düşünmüş olmalı.
İyi niyetle, İskenderiye'de olduğumuzu bildiği halde
bazılarınızı bize emanet etti.

Işıklar söner ve Ömer ışık halkasında görünür.

Omar: *Hâlâ öfkelidir.*
Keşişler bana kim olduğumu söylemediler...
Deir Yassin katliamından söz etmediler.
Ailemin ve kız erkek bütün kardeşlerimin
kendi evimizde enkaz altında kaldığından da...
15 Mayıs 1948'deki "Nakba"dan yani
O "talihsiz" göçden de bahsetmediler!

Işıklar söner ve iyi kalpli rahip ışık halkasında öne çıkar.

Rahip:
Katliam haberi civar köylere çabuk ulaştı.
O kaçış ölümden korktukları için değil.
Her gün ölmeyi kabullenemedikleri içindi

Sınır boylarında sefaleti tercih ettiler.

Işıklar söner ve Ömer'in annesinin beyaz giyinmiş hayaleti öne çıkar.

Ömerin annesi (Hayalet):
Seyirciye uzun uzun bakarken korkunç hatıralarını tekrar yaşıyor gibi hareketler yapar.

Mermiler düşmeye başladığında karanlıktı.

Sabahın erken saatlerinde sokaklarda çatışmalar oldu.

Köylüler, ilkel silahlarla

Irgun ve Stern çetelerine karşı direndiler.

Siyonist örgüt üyeleri ilerleyemedi.

Silah sesleri kuşluğa kadar sürdü.

Kesilince rahatladık tabii.

Ama yine de ihtiyaten

dam altında kalmayı tercih ettik.

Ardından

ilk bomba turunç ağacımızı yaktı.

Çatıya düşense

çoğumuzu, sıcağına gömdü.

Işık halkası Ömer'e kayar.

Ömer: *Öfkeyle.*
Demek ki, yıllardır özümü hatırlayamadım.
Klavyemle "Deir Yasin" yazınca.

Sahne alanının ardındaki paneli işaret eder.

O sonsuz evren şu ayrıntıları kustu.
Ve her şeyi hatırladım.

Aşağıdaki bilgilerin görüntüsü, sahne alanının arka paneline yansıtılır.

Yahudi askeri gücünün seçkin savaşçıları
devreye girince
köy bir saat içinde düştü.
Deir Yasin'in fethi için
52 mm'lik patlayıcı kullandılar.
"Profesyonel" askerler geri çekilince de
terör örgütü devreye girdi.

Siyonizm'in kökleri 1880'lere kadar uzanır.

Işıklar söner ve iyi kalpli rahip tekrar öne çıkar...

İyi kalpli rahip:
Köyü temizlemeleri iki gün sürdü.

Önceleri evler yapan civardaki taş ocağı
şimdi o köylü masum insanların
Mezar alanı oldu.

Duraklar.

Irgun'un lideri
kanlı ellerini yıkadıktan sonra
Kızıl Haç ve yandaş basınını
davet ettiği çay partisinde
254 "muhalif" Arap'ı
"etkisiz" bırakmakla övündü.

Deir Yasin'in toplam nüfusu sadece 650'ydi.

Sahne kararır ve ışık halkası Ömer'in üzerinde yoğunlaşır...

Ömer:
Komşu köy sakinlerinden
sekiz yüz bin Filistinli
aynı felaketle karşılaşmamak için
evlerini, topraklarını terk edip
civar ülkelerin sınır boylarına
iltica ettiler.

Böylece
tarihi Filistin'in yüzde 78'i
Filistinli sakinlerinden arındırıldı.

Işıklar söner. Tekrar yanınca iyi kalpli rahip ışık halkası içinde görünür.

Rahip:
Katletmediklerini okul binasına tıktılar.
Civar köylerden Givat Shaul sakinleri
müdahale etmeseler
onlar da katledilecekti.

Givat Shaul sakinleriyle
mal mülk kavgası
olurdu tabii.

Ama katliam,
ne karakterlerinde
ne de Tevrat'ta vardı.

Onlar karşı koymasa
okul binasına tıktıklarını da
çoktan yitirirlerdi.

Siyonizm'in kökleri 1880'lere kadar uzanır.

Sahne kararır. Tekrar aydınlandığında Ömer ışık halkası içindedir...

Ömer: *Öfkeyle - hızlı sunum.*

Amerikalı siyasiler, Yad Vashem'de
ünlü holokost mabedini ziyaret ettiklerinde
-ki bunu sık sık yapıyorlar-
kuzeydeki vadiye bakıp
"Asla Unutma" sözcüklerini haykırırlar,
bunu yaparken.
Deir Yasin'e baktıklarının farkında bile değillerdir.
Orada, 20. yüzyılın ortalarında
kadın, erkek çocuk ve yaşlılar
kendi damları altında katledildiler.
Kurtulmaya çalışanlar kurşunlandı.
Kundaktaki bebekler, barbarlığın en adisine
tecavüzlere
şahit oldu.

Bir an sessiz kaldıktan sonra devam eder.

Enstitüde gezgin grubuna katıldım.
Otobüste, yol boyu
yoldaşların şarkılarını dinledim.

Pub'larda yemek yeme tarzlarını
içkili sohbetlerini de...

Arka sıralarda, ikili koltuklardan birinde
yalnız oturdum, hep yalnız.

Arada bir "adın ne?" veya "neydi?"
diye soranlar olurdu.
Olurdu tabii.
Unuttukları için özür dileyenler de.
Ondan başka "sohbetimiz" olmadı.
Görünmez adam misaliydim.
Varlığımı fark etmediler.

Elli yıl sonra, arka sıralarda
hâlâ tek başıma
ikili koltuklardan birinde oturuyorum.
Değişen, 21. asrın konforlu otobüsleri
ve farklı giysilerimdir.

Şimdilerde, Filistin'in
Deir Yasin katliamı
kazazedelerinden biri olduğumu kanıtlamak için
millî kıyafetime bürünürüm.

Ömer'im ben. Filistinli Ömer!

Şu an televizyonda Gazze'ye tekrarlanan saldırıyı izliyorum.
Filistin yok artık.
Sürekli saldırıya maruz kalan Filistinlilerin
barındıkları gettolar var.

Omuzuna sardığı başlığını düzeltir.

Yirmi birinci yüzyılda varoluş mücadelesi veren toplumlardan
biridir Filistinliler.
Bati suskunlukla anlaşmış.
Amerika, Gazzelilere "füze atmayın!" diyor.
Hem de damlarına Israil misillerinin düştüğü anda
bu tezat yadırganır gibi değil.
Hatta tacizin tekrarı diyebilirim.

Ve
biri diğeri üzerine yaslanmış beton dilimleri arasından
ölüler yükselmeye devam ediyor.

150
350
570
700

Bin...
Artık dinlemiyorum.

Sayı birkaç yüz daha artınca
görev tamamlandı diyor, Siyonistler
ve
Batı'ya yeni bir pazar açılıyor.

Danışmanlar
mühendisler
yapı malzemeleri
evsiz ve kimsesiz kalanlar için yapay yiyecekler
parası yeten harp fırsatçılarına araba
bölgesel savaşlar için silah!

Böylece
Filistinlilerin kısmet çarkı dönüyor.
ümitsiz feleğin çarkı.

Son cümleyi söylerken omuzundaki başlığı çekip öfkeyle bacağına vurur...

Ömer'im ben.
Hep Ömer.
Gezegeni yok etmeye kararlı, çıkar peşinde koşan onursuz kitleye

Filistinli olduğumu kanıtlamak için milli giysilerime büründüm.

Başlığını omuzuna takar.

Bu da bir tür direniş!

Uyandınız Filistinli kardeşlerim ve mücadele ediyorsunuz.
Kaybedecek bir şeyiniz yok, bir şey bırakmadıkları için.

(1) Giva Shaul sakinleri teröristlerle yüzleşip okul binasına tıkılanların Doğu Kudüs'e geçmeleri için serbest bırakılmalarını talep ettiler. Onlar, İsrail devletinde yaşayan birçok insan gibi, yerli halkı yok etmenin Yahudiliğin ruhuna uygun olmadığını biliyorlardı. Komşularıyla anlaşmazlıkları, mal mülk kavgaları olabilirdi, ancak onları sistematik olarak yok etmeyi asla düşünmediler.

3

Duval, Sartre'in "No Exit" adlı eserinden uyarlanan bir karakterdir. Yazarın kendisi tarafından, oyunculuk eğitimi aldığı Arcola Tiyatrosu'nda uyarlanıp oynanmıştır. Yönetmen, her zaman "hassas tipleri" temsil etmeyi seçtiğini, fakat bu kez farklı bir karakteri denemesini önerdi. Bu arketip o meydan okumanın sonucuydu.

Çıkış Yok

İkinci Dünya Savaşı sırasında Paris'i işgal eden Almanlarla iş birliği yapan, kadın düşmanı Fransız bir gazeteci öldürülmüştür. Ve şimdi birkaç kişiyle birlikte cehennemdedir. Cehennem onların kendi vicdanlarıdır. Şikâyet ettikleri sıcaklık, içlerindeki rahatsızlıktır – hiç bitmeyen bir azap.

Didier: Burası çok sıcak...

Duval: Ne?

Didier: Burası çok sıcak dedim. Sanırım sen de aynı şeyi hissediyorsun, yoksa burada olmazdın. Devam et. Çıkar şu ağzındaki baklayı. Gestapo'ya kaç Aryan olmayan, kaç eşcinsel sattın?

Duval: Asla! Ben savaş karşıtı bir gazetede editördüm. O sizin pasifist saçmalıklarınıza benzemez. Savaş karşıtı bir mücadeleciydim. Sonra Almanlar Paris'i işgal etti... Ne yapsaydım?

Onlara karşı silaha mı sarılacaktım?

Hayır... Sorun o değil. Karıma işkence ettiğim için buradayım.

Gözlerini geçmişte kendinin de yaşadığı dünyaya çevirir.

İşte yine orada! Adını anar anmaz ortaya çıkıyor. Ama ben asıl Peter'i görmek istiyorum... Hakkımda ne konuşuyor merak ediyorum. Ama onu her aradığımda şu hiç'i görüyorum.

Bir sandalyede oturup kucağında, üzerinde yedi kurşun deliği olan ceketimi tutuyor. Deliklerin kenarları kanımla paslanmış. Daha yeni vermiş olmalılar.

Onu, anlarsınız ya, bataktan çıkarıp evlendim. Ona karşı kötüydüm elbet. Her zaman. Ama o hiç şikâyet etmedi, hiç! Bir keresinde eve siyahi bir kadın getirdim... Oh ne geceler!

O, yani karım, alt katta yatıyordu... Bizi duymuş olmalı... Ne bir sitem sözcüğü... Ne de bir damla gözyaşı!

Bıyık altı gülümser...

Sabahleyin ne yaptı biliyor musunuz? Asla tahmin edemezsiniz...

Evet, doğru... Tam öyle! Erkenden kalkıp kahvaltı hazırladı ve iki küçük tepside ikimize de sundu!

Hâlâ kurşunla delik deşik olmuş ceketimi okşuyor. Ağlayacakmış gibi. Ağlayacak mısın? Hadi ağla. Allah aşkına şu göz yaşlarından bir damla veriver!

Lanet kadın!

Onlar beni yakalamadan önce senin canına okumalıydım!

4

Guantanamo

Amerikan Askeri Cezaevi

"Yakalanmak hürriyetiyle hürsün."

Nâzım Hikmet

Mekân: Guantanamo Cezaevi – Amerikan askerleri ve "mahkûmlar."

Karakterler:

Ali – 45-50 yaşlarında, iki çocuk babası, Kıbrıs kökenli, İngiltere'de yaşayan bir zat.

Muhammed – Fas kökenli İngiltere'de yaşayan 30-35 yaşlarında bir genç adam.

Mick ve arkadaşı Albert – Amerikan askerleri.

İki kadın – Amerikan askerleri.

Kadın ve erkek askerler ve sahne dışında mahkûmların sesleri.

Sahne 1

Sahne aydınlanır, egzersiz alanındaki mahkûmlar yürürken görülür. Sahnenin sağ tarafında iki silahlı asker onlarla alay eden, onları küçümseyen tavırlar takınırlar. Ali köşede arkadaşı Muhammed'le sohbet ederken askerlerden Mick, onu aşağılayıcı parmak işaretiyle yanına çağırır.

Mick: Ali, buraya gel!
Ali: *Dönüp bir bakar ve arkadaşı ile konuşmaya devam eder.*
Mick: Ali, buraya gel dedim yoksa doğduğuna pişman ederim seni...
Ali: *Aldırmaz. Arkadaşıyla sohbet etmeye devam eder.*
Ne yapacak, tek kişilik hücreye mi tıkacak, işkence mi yapacak? Zaten itaat etsek de etmesek de bunlar oluyor!

Mick ve yanındaki görevli, Ali'nin üzerine yürür. Ali sakindir. Bileklerinin kelepçelenmesine karşı koymaz ve önce yürüyerek, sonra sürüklenerek sahneden çıkarılır. Ayakları da zincirle kösteklenmiştir. Ali yere düşünce Mick sesini yükseltir:
Mick: Get up you dog!

(Ayağa kalksana, köpek! Sözleri ekrana yansıtılır)
Sahne kararır.

Sahne 2

Karanlıkta, fonda Nâzım Hikmet'in 'Bir Hazin Hürriyet' şiirinin bir bölümü Ali'nin sesinden duyulur:

Bir alet, bir sayı bir vesile gibi değil.

İnsan gibi yaşamalıyız dersin.

Büyük hürriyetinle basarlar kelepçeyi,

yakalanmak, hapse girmek, hatta asılmak hürriyetiyle,

hürsün.[3]

Sahne aydınlanır, sahnenin ortasında demir bir sandalye, iki adım ötesinde bir masa ve koltuk görürüz. Mekân belli ki bir sorgu odasıdır. İki asker Ali'yi sandalyenin üzerine fırlatıp zincirle bağlarlar. Duvarda Amerikan askerlerinin savaş mağdurlarına yiyecek dağıttığını gösteren resimler asılıdır.

Mick: He he... Burada rahat edersin herhalde...

Ali: *Seyirciye bakarak alçak sesle ve acı bir gülümsemeyle...* Manyak olduğunu biliyoruz zaten.

Mick: Ne dedin, anlamadım?

---

3 Nâzım Hikmet, Bütün Şiirleri, "Bir Hazin Hürriyet", 1951, S.955

Ali: Rahat ol, Bir şey demedim. Sadece beni sandalyeye bağladığın için bileğim ve boynum acıyor. Ondan şikâyet ettim. Biraz gevşetsen iyi olur.

Mick: Hım... Demek acıyor. Olsun. Acısın biraz. Bir daha seni çağırdığımda hemen gelmeyi öğrenirsin. Hem... Burası biraz sıcak. Terlemişsindir. Soğutucuyu çalıştırayım. Biraz serinlersin. Ha işte... Bu kadar yeter. Üşütmeyelim seni. Sorgulama personeli çok bekletmez, birazdan gelir.

Ali: Sorgulama personelinin geleceği filan yok. Bunu ikimiz de biliyoruz. Yaptığından zevk aldığın belli. *Acı acı gülümser.* Çok merak ediyorum. Şu duvardaki resimler kimi temsil ediyor? İnsan haklarının günbegün çiğnendiği bir yerde o resimlerin işi ne?

Mick: *Alaycı haliyle sırıtır. Odadan çıkar.*

Ali: *Ali üşümeye başlamıştır bile. Duvardaki resimleri başıyla işaret ederken kendi kendine homurdanır.* Yardımsever Amerikan askerleri yaşlılara, kadın ve çocuklara yiyecek ve ilaç dağıtıyor. Gülümsüyorlar. Ulan bunların neresi siz? Bu dondurucunun içinde bizi sandalyeye kıskıvrak bağlı bırakıp gittikten sonra nasıl uyuyabiliyorsunuz? Soğutucuda aynı pozisyonda, saatlerce, uykusuz beklediğimizi bile bile, rahat koltuğunuzda, yumuşak yatağınızda, sağa, sola dönüp daha rahat bir pozisyon arayışınız sizi hiç mi rahatsız etmiyor? Ulan siz gerçekten insan mısınız?

Fonda "Aldırma Gönül" türküsünün giriş bölümü çalar.

Birazdan kapı açılır. İçeriye iki kadın asker girer. Dudaklarında bilmiş bir tebessüm, ellerinde kabuğu soyulmuş birer büyük muz var. Şuh hareketlerle muzu önce yalar, sonra çiğnerler.

Tina: Ali aç mısın? İstiyor musun? Mmm... Çok da lezzetli...

Birkaç saniye daha aynı tavırlarla devam ettikten sonra çıkarlar. Sahne kararır.

Sahne 3

Işıklar tekrar yanınca ekranda "36 saat sonra" yazısı görünür. Ali iki asker tarafından bitkin bir halde ceza hücresine bırakılır. Ardından, sahne dışındaki diğer ceza hücrelerinden onlara öğrettiği Sabahattin Ali'nin dayanışma türküsü şevkle yükselir. Koğuşta, tek kişilik hücrelerden yükselen sesler koroya dönüşür. Birlikte 'Aldırma Gönül' türküsünü söylerler.

Dertlerin kalktıkça şaha

Bir sitem gönder Allaha

Görecek günler var daha

Aldırma gönül, aldırma

Gönül aldırma

Ali o sesleri duyup gülümser. Bitkindir fakat dayanışma sesleri onu az da olsa rahatlatmıştır. Yere uzanır ve hemen uykuya dalar.

Sahne 4

Sahnede ışıklarla çizilmiş iki hücrede Muhammed'le Ali'yi görürüz. Muhammed hücrede egzersiz yaparken hücrenin ne kadar küçük bir alan olduğunu gösterir. Ali hâlâ yerde, bitkin bir halde yatmaktadır. Fonda "Aldırma Gönül" türküsünün enstrümantal melodisi çalar.

Muhammed: Ali, daha uyanmadın mı?

Ali: Hmm... Uyanıyorum.

Muhammed: Çok üşüdün mü? Canım kardeşim... Dayanalım, geçer...

Ali: Geçer, geçer de hayat da geçer gider. Beş yıldır buradayım. Geldiğimde eşim gebeydi. Altı aylık... Daha hiç görmediğim beş yaşında bir oğlum var.

Muhammed: İyi işte, Hayat devam ediyor. İnşallah yakında Amerikan hükûmeti merhamete gelir de bir şeylerin icabına bakarlar. Bozma moralini.

Ali: Allah kahretsin. Beş yıldır yargısız tutukluyum. Siz daha fazla. Ömrümüz tek kişilik hücrelerde geçiyor. Yanlış anlama. Yaptıklarımıza pişman değilim. Ufak tefek baş kaldırılarımız şu koğuşu idare edenleri pes ettirdi. Bunun farkındayım ama yeterli değil.

Muhammed: Sence daha ne yapabiliriz?

Ali: Hım... düşünmek lazım. Senin bir önerin var mı?

Muhammed: Yahu, şu Red Cross denilen Kızıl Haç belası var ya ...

Ali: He evet... Eee?

Muhammed: Biliyorsun, onlar cezaevini teftişe geldikleri zaman bizi koğuşa alıyorlar. Ziyaretçilere her şey 'normal' gibi görünüyor... Raporlarına normal sözcüğü geçti mi, her şey tamam. Buranın zulmü, bu sözcükle normalleşiyor. Guantanamo sıradan bir askeri cezaevi... İnsan haklarının her gün cayır cayır çiğnendiği cehennem değil yani.

Ali: Eee... Anladım da... Sonuç?

Muhamed: Ne bileyim... Bir yolunu bulup burada yaşananlardan dünyayı haberdar etmeliyiz.

Ali: He he... Ne var biliyor musun? Biz bu cehenneme sırat köprüsünde yargılanmadan ulaştık...

Muhammed: Tamam da... Dağıtma konuyu... Gel bir düşünelim. Ne yapabiliriz?

Ali: Ya Mem, diyorum ki, buradan kimseye haber salınamaz!

Muhammed: Orası öyle. Ama iman etmek lazım. Biliyor musun, Allah'a olan imanım bütün bu zulümler karşısında bir o kadar daha güçlendi.

Ali: Evet, doğru. Sen biliyor musun ben buraya şeriatçı terörist elebaşı olarak getirildim. *Bir an sessiz kalır*
Eskiden... Eskiden ibadet ederdim tabii... Ondan şüphen olmasın... Ama öylesine. Yani inanarak değil. Ama şimdi... Şimdi Allah'a tam olarak inanıyorum. İbadet ederken kendimi kaybediyorum adeta.

Muhammed: Evet öyle, zaten eskiden Kuran'ı okurken anlayarak okumuyorduk ki. Ama şimdi... İşkence odasındaki zamanımız dışında onu incelemekle meşgulüz. Tevekkeli değil.

Ali: Neyse... Gel düşünelim o zaman... Hım... Burada görevli olan rahip her gelen mahkûmun eline bir Kuran tutuşturuyor. Belli ki iman etmemize pek meraklılar.

Muhammed: He he... Gösteriş... İnanç özgürlüğüne saygımız var diye dünyaya satıyorlar.

Ali: Al işte, amaçları o. *Dışarıdan bir grup askerin ayak sesleri gelir. Susarlar. Sesler kesilince Ali devam eder.* Yine başladılar... Elimizde Kuran'dan başka bir şey yok. Üstünde uyuyabileceğimiz bir şilteden dahi yoksunuz. Bunu bildikleri halde gecenin bu saatinde yoklama yapıyorlar. Her gece!

Muhammed: Maalesef.

Koridordaki sesler daha da yükselmeye başlar. Bunlara mahkûmların sesleri katılır. Sahne dışından 'Murat'ın hücresinden kan çıkıyor' diye bağıranların sesleri duyulur.

Ali: *Gergin.* Bazen, koğuşun son hücresinde olduğum için, bencilce de olsa Allah'a şükrediyorum. Sıra bana gelene kadar yorulup gittiklerinde şükrettiğim için kendi kendimden utanıyorum.

Muhammed: Boş ver. İnsanız. Tabii ki korkarız, çektiğimiz acıya dayanamayıp ağlarız. Olağan şeyler.
Sahne kararır.

Sahne 5

Paralel ceza hücreleri ışıkla sınırlandırılmıştır.
Fonda yatsı namazını hatırlatan ezan sesi kısaca duyulup kesilir. Secdede olan Ali ve Muhammed ibadetlerinin sonunda sağa sola selam verip ayağa kalkarlar.

Ali: Muhammed... Diyordun ya... Kuran'ı gösteriş olarak kullanıyorlar...

Muhammed: Evet öyle düşünüyorum.

Ali: O zaman tüm koğuşlar Kuranları iade etsinler. Zaten askerler her fırsatta Kuran'a hakaret ediyorlar... Zalimce yoklamalar... Sanki Kuran'ın arasına bir şey saklanmış gibi teftişler... Bir de... şu mesane işini gören lengerlerimize Kuran'ı Kerim'i sözde kazaen düşürmeler. Psikolojik baskı yani. Bundan herkes şikâyetçi.

Muhammed: Eee...

Ali: Kutsal kitaplarımızı Mekke'ye iade edin. En azından orada onlara gereken değer verilir mi desek?

Dışarıdan askerlerin ceza koğuşunu yoklama sesleri tekrar duyulur. Koridor sessizleşince devam ederler.

Muhammed: Eee...

Ali: Oyunları bozulmuş olur, di mi? O zaman şartlarımızı sıralarız. Kuran'a dokunmasınlar, gece yarısı yoklamalar, saldırılar olmasın, soğutucuya 24 saat kelepçelenip tıkılmayalım, egzersize en azından ikili çıkalım... Her şeyi sıralarız. Yargısız hapsediliyoruz. İnsani haklarımız ihlal ediliyor. Hemen yargılanmamız gerektiğini tekrarlarız. Olur mu olur... Ne dersin?

Muhammed: Hım... Bir yere varabileceğimizi sanmıyorum. Arkadaşlar kabul eder mi, ondan da pek emin değilim. Şu iki metrelik hücrelerde onları meşgul eden tek uğraş Kuran okumak. Onsuz ne yaparlar? Bir de Amir gelir mi dersin.

Ali: Ben gelir diyorum. Gösteriş önemli... Malum, "medeni, adil, insan haklarına saygılı..." Dünyaya vermek istedikleri imaj bu ve çok önemli... Di mi!

Muhammed: Peki tamam... Deneriz.

Fonda askerlerin ayak sesleri ve mahkûmların bağrışmaları duyulur.
Sahne kararır. Ardından, Fonda Ali'nin sesinden Nâzım Hikmet'in sözleri duyulur:

"Bir ağaç gibi tek ve hür
    Bir orman gibi kardeşçesine
        Yaşayacaksın"

Perde 2

Sahne 1

Londra'da bir hukuk bürosu. Ali'nin eşi Gülşen, kardeşi Hasan ve avukat Bayan Caroline Smith'le Bayan Sevgi Kılıç görüşüyorlar.

Gülşen: Size verecek başka param yok maalesef.

Sevgi: Umudumuz kırılmasın Gülşen Hanım. Epey yol katlettik. En azından şimdi nerede olduğunu biliyoruz. Borç alma imkânınız yoksa belki başka bir fon buluruz.

Gülşen: Nereden bulabilirim ki?

Sevgi: Bir yardım kampanyası organize edilebilir mesela. Ya da toplum çapında bir kermes, balo…

Caroline: *Crowd funding?* İnternet üzerinden. Bazen çok başarılı oluyor. Eşinizin iş vereniyle de görüşmeliyiz. Sonuçta Pakistan'a iş için gitmişti. Oralarda koleje yurt dışından öğrenci bulma projesini yürütüyordu… Okul sorumlularıyla görüşmeler yapıyordu demiştiniz. Personelin görev esnasında emniyeti önemli. İsterseniz rektörle bir konuşalım.

Gülşen: Bilmem. Müdürle görüştüm ama yapacak bir şey yok dedi. Personel kendi arasında bir yardım kampanyası açtı. 50 sterlin filan toplandı. Hepsi o kadar.

Sevgi: Yarın arayıp sorarım ama önce çalışmacıların görev esnasında hukuki emniyet konusunu bir araştırayım.

Caroline: Sizi telefonla bilgilendiririz Gülşen Hanım. Ona göre yeni bir yol haritası çizeriz.

Gülşen: Teşekkür ederim. *Crowd funding* olabilir... Ama hani biraz dilenmek gibi olmuyor mu? Yine de Ali için deneyeceğim. Ne kadar gerektiğini zaten konuştuk. Balo uzun ve masraflı bir opsiyon. Pek bir şey de kalacağını sanmıyorum. O en son seçeneğimiz olacak sanırım.

İki avukat: *Birlikte...* Elbette.
Ayağa kalkarlar.

Caroline: İyi günler. Yarın öğleden sonra telefonda konuşuruz.
Sahne kararır. Oyuncular sahneden çıkar.

Sahne 2
Ali ışıkla sınırlandırılmış ceza hücresinin içinde dolaşırken el kol hareketleriyle egzersiz yapar. Bu hareketlerle hücrenin ne kadar küçük bir yer olduğu seyirciye belirtilir. Sahnenin ışıklandırılmamış diğer yarısında Muhammed kendi hücresinde egzersiz yaparken görülür.

Ali: Papaza "Kuran'ın kopyalarını geri alın, Mekke'ye gönderin. En azından orada hak ettikleri saygıyı görebilecekler" dedik. Adamcağız mecburen hepsini toplayıp götürdü. Nereye, bilemeyeceğim. Belki çalıştığı odaya...

Gülümser İnanç özgürlüğü hapishane amiri için önemliydi tabii.

Işık halkası Muhammed'in içinde olduğu hücreye kayar.

Muhammed: Amir, kısa bir süre sonra naçizane ziyaretlerinden birini gerçekleştirdi. Müzakere etmeye istekli görünüşü şaşırtıcıydı. Bu işte bir gariplik var diye düşündük tabii... Ama yine de taleplerimizi sıraladık.
Hücrelerimiz gece yarılarında basılmamasını...
Kutsal kitabımıza saygı gösterilirse onları geri almayı kabul edeceğimizi...

Işık Muhammed'in hücresinden Ali'nin hücresine kayar.

Ali: Çoğumuz bu kadarına çoktan razıydık zaten. Özellikle Kur'an maddesi hepimiz için önemliydi. Kuran'sız, hücrelerde zaman bir türlü, geçmiyor.
Ama egzersize ikili çıkmamıza razı olması hepimize müthiş bir sürpriz oldu.

Sahne kararır. Fonda ezan sesi duyulur. Işıklar yanınca Ali diz çökmüştür. Sabah namazının son safhasındadır. Sağa ve sola selam verdikten sonra oturur.

Ali: İkili egzersizler hayat vericiydi. Bir saatliğine birileriyle yüz yüze konuşabilmek sanki bir lütuftu. Şap zemin üzerinde uyuduğumuzu biraz olsun unutturuyordu. *Yüzünde acı bir ifade belirir.*
Bu kararların kalıcı olamayacaklarını sezinlemeye başlamıştım bile.
Yere çöker.
Evet, inanılmaz bir zaferdi, ama tahmin ettiğim gibi, pek uzun sürmedi.
Rejim değişti ve eski vahşet geri döndü. Meğer amirin 'insani' davranışı görevden alınmasının öcünü çıkarmak içinmiş.
Hepimizi farklı hücrelere dağıttılar.

Fonda zamanın geçtiğini belirten "Aldırma Gönül" şarkısının enstrümental melodisi çalar ve kısılır.

Sonunda açlık grevine karar verdik.
Kolay bir karar değildi tabii. Burada zaten yarı aç yaşıyoruz.
Fonda Aldırma Gönül'ün enstrümantal müziği bir anlığına çalar
Olay dünya basınına yansımış. Papaz fısıldadı.
Sahne kararır. Işık halkası yandaki hücrede olan Muhammed'e kayar.

Muhammed: *Sahnede diz çökmüş durumda namazın son ayetini okuduktan sonra selam verir. ve yere oturur. Bağdaş kurar. Bitkindir.*

Klinik, açlıktan ölecek insanlarla dolu. Kararlıyız. Açlık greviyle başa çıkmak için bir ordu sağlık çalışanını göreve aldılar. Bize hortumla yemek yediriyorlar. Zorla besleme yani... *Şunları gösterir.* Bir tüpü burun deliklerimizden mideye gönderirler, sıvılaştırılmış yiyecekleri mideye pompaladıktan sonra hortumu tekrar dışarı çekerler. Bu "prosedür" esnasında ve hortum burun deliğimizden çıktıktan sonra, çektiğimiz acıyı tarif etmek mümkün değil. *Bir an sessiz kalır.*
Halsizim ve sonuçta bir insanım... Tabii ki, ağlarım, hem de sık sık. Ama beni ağlarken görmelerine kesinlikle izin vermem.

Sahne 3

Sahnede ışıklar kısılır. Fonda ezan sesi duyulur, sahne tekrar ışıklanınca Ali hücrede namaz kılarken görünür. Namazın sonuna geldiğini simgeleyen sağa ve sola selam verdikten sonra oturur.

Ali: Günde beş defa namaz kılmak bitmeyen monoton günleri böler, onlara bir şekil verir. Özellikle tecrit altına alındığımızda bu çok önemlidir.

Baş parmağındaki boğumları kullanarak bir müddet tespih çeker.

Egzersize arkadaşla çıkmamıza izin vermeleri ayrı bir zaferdi. Başka biriyle yüz yüze konuşmaktan keyif alır rahatlardım...

Sahne 4

Fonda "Aldırma Gönül" şarkısının enstrümantal melodisi çalar ve kısılır. Bir kez daha zamanın geçtiğini simgeler.

Ali: Ceza hücresinde kendim kendime konuşmak oldukça sıkıcıdır. O yüzden şarkı söylerim. Doğup büyüdüğüm, benim dediğim o uzaktaki ülkemde, başka sıkıntıları hatırlatan melankolik Anadolu şarkılarını, kulağı tırmalayan nota tanımaz sesimle söylerim hep.

Söyleyeceği şarkının müziği birkaç saniye çalarken eliyle uzaktaki ülkesini gösterir.

Ve kısa da olsa bir süre etrafımdaki seviyesizliği, içimdeki hüznü unutmaya çalışırım. Evet, bu ahenksiz, gıcırdayan sesimle şarkılar, türküler söylerim.
Ayağa kalkarken fonda enstrümantal müzik devam eder ve hemen sonra kesilir. Ardından türküyü söylemeye başlar.

Saza niye gelmedin, söze niye gelmedin
Gündüz belli işin var, gece niye gelmedin

Dans ederken parmaklarıyla üç ve beş sayılarını işaret edip sonunda ayların çok uzun olduğunu belirlemek için elini sallar.

Üç gün geçti, beş gün geçti, aylar oldu gelmedin
Geçen cuma gelecektin, aylar oldu gelmedin

Fonda enstrümantal müzik bir fasıl daha çalar ve kesilir. Ali şarkının ikinci bölümüne geçerken halsiz olduğu halde hayalindeki kadınla dans etmeye başlar.

Çaldığın saza mı yanam, ettiğin naza mı yanam,
Alam yarim goynuma, gış yatam yaz uyanam (2)

Tekrar ederken kollarını açar. Seyirciye sanki hayalindeki kadınla dans ediyor imajını verir. Sonra sırtını seyirciye döner. Sağ elini sol omuzuna koyup bir müddet o pozisyonda dans eder.

Üç gün geçti, beş gün geçti, aylar oldu gelmedin,
Geçen Cuma gelecektin, haftalardır gelmedin (2)

Son mısrada sendeler. Başını tutar.

Bitkinim ama devam etmem lazım. Dünyanın burada olan biten vahşetten haberdar olması gerekir.

Lengerden başka, hücredeki tek eşya olan demir kanepeye oturur.

Fonda Sabahattin Ali'nin enstrümantal hapishane şarkısı yükselir ve hemen sonra kısılır.

Ali: Ne tuhaf değil mi... Sorgulama odasının duvarlarında darmadağın ettikleri Afganistan'daki Amerikan askerlerinin resimleri var. İyilik melekleri gibi, gülümseyerek kadın, çocuk ve yaşlılara yiyecek çıkınları ve giyecek dağıtıyorlar. O resimlerden birinde askeri hasta bakıcıların çocuklara aşı yaptığı, ilaç dağıttığı görüntülenir. Bu görüntüler Amerikan askerinin saygınlığını ve insancıl yönlerini kanıtlamaya çalışır.

Bitkin olduğu halde ayağa kalkmaya çalışır. Söylendikçe hiddetlendiği malumdur. O hiddetten güç alır gibi meydan okurcasına dimdik durur ve seyirciye bakarak devam eder.

Sorgulama odasında işkenceye tabii tutulduğum sonu gelmez saatlerde onların bu niteliklerine ne olduğunu hep merak ediyorum. Acaba Guantanamo Kampı'na girmeden önce o şefkatli, insancıl, sevgi dolu kalpleri göğüs kafeslerinden zorla sökülüp alınmış mıydı? İşkence altındayken bağırıp çağırmalarımıza insaf dileklerimize nasıl dayandıklarını da gerçekten çok merak ediyorum... En kabadayımızın dahi kontrol edemediği göz yaşlarımıza bu "şefkatli", 'insancıl' ekibin nasıl tahammül ettiğini gerçekten merak ediyorum.

Hızlı sunum.
İnsaf dileyen çığlıklarımız kulaklarında çınlarken normal hayatlarını nasıl sürdürebiliyorlar?
Soğutucuda geçirdiğimiz uykusuz saatlerin mimarları, sizler, sıcacık yatağınızda nasıl uyuyabiliyorsunuz? Hareket etmemizi dahi sınırlamak için elimizi kolumuzu inanılmaz pozisyonlarda kelepçeleyip soğutucuda yirmi dört saat bırakıp giden bu merhametli ekibin üyeleri, sizlere soruyorum: Kendi yatağınızda nasıl rahat edebiliyorsunuz? Sağa sola dönüp uyumak için rahat bir pozisyon ararken soğutucuya kıskıvrak bağladığınız biz yargılanmamış mahkumların geçirdiği kâbuslu geceyi düşünmüyor musunuz? Siz hiç kâbus görmüyor musunuz? Siz duygudan yoksun mahluklar, siz gerçekten insan mısınız?

Fonda askerlerin ayak sesleri duyulur. Sahne arkasında bağrışmalar yükselir. Ali'nin yüz ifadesinden korktuğu belli olur.

Ali:
Diz çöker
Yine geliyorlar... Zorunlu beslenme sıram geldi.
Rahat yasamama müsaade etmiyorsunuz. Bari izin verin de öleyim.
Öksürmeye başlar. Sanki astım krizi geçiriyor gibidir. Gözlerini kapatıp dua eder.
Allah'ım... Bu işkenceye dayanabilme gücünü bana bir kez daha bağışla.
Ellerini kaldırıp Şehadet suresini okurken yüzündeki korku ifadesi sükûnete dönüşür.
Işıklar söner. Karanlıkta Ali'nin şehadet getirdiği duyulur.

Eşhedu en la ilahe illalhe illalah ve eşhedu enne Mohammed en Abduhu ve resuluhu.

Karanlıkta bunu birkaç kez tekrarlar.

Son

5
Paramparça Hayatımın Sınırında

Sovronia: Panteli'nin annesi. Dul kadın. 28- 30 yaşlarında. İlk ve son sahnelerde ve bakım evi sahnesinde yaşlandırılır

Panteli: Sovronia ve Fehim'in oğlu.

Andreas: Sovronia'nın büyük oğlu.

Sotiris: Sovronia'nın ortanca oğlu.

Maria Teyze: Sovronia'nın kız kardeşi.

Pollikseni: Yaşlılar mekânında bir personel – 28- 35 yaşlar arasında genç bir kadın.

Vasos: Panteli'nin ustası. 50-60 yaşlarında.

Stavri: Sovronia'nın patronu ve belki sevgilisi. 45-50 yaşlarında.

Seyahat acentesindeki görevli: 40 yaşlarında.

Stelios: Panteli'ye saldıran çocuklardan biri.

Giorgos: Panteli'ye saldıran çocuklardan ikincisi.

Yakumi: Panteli'ye yapılan saldırıya müdahale eden yaşlı adam.

Fehim: Helva dükkânı sahibi. Sovronia'nın sevgilisi. Panteli'nin babası.

Kostaki: Dans sahnesinde sirto oynayanlardan biri. 50-60 yaşlarında.

Kemancı / Şarkıcı: Adanalı sahnesinde türküyü seslendiren adam veya kadın.

Koro: 4 kız 4 erkek. Tablo sahnelerini canlandıran, dans sahnelerinde rol alan sahnede ayak işlerini gören genç oyuncular.

Perde 1

Sahne 1

İngiltere'de bir *pub*. *Sahne yavaşça aydınlanırken, siyah basit elbisesine, işlemeli siyah başlığına bürünmüş, yaşlandırılmış Sovronia, sahnenin bir köşesinde ruh misali hareketsiz, gözlerini bir noktaya dikmiş oturuyor. Panteli, güçlü ışık altında, kaygısızca, Türkçe bir özlem türküsünü mırıldanarak sahneye girer. Babası Fehim'den öğrendiği bir türküdür bu.*

Panteli: Gözüm yolda gönlüm darda
Ya kendin gel ya da haber yolla
Duyarım yazmışsın iki satır mektup
Vermişsin tirene halini unutup
Kara tren gecikir
Belki hiç gelmez
Dağ-lar...

Ana, Yine mi buradasın? Ne güzel! Anlat bakalım annem, İngiltere'ye hiç gelmeyen, gelmek istemeyen bir kadının, Hackney'deki bu pub'ta işi ne? Ha... Anladım. Yarım kalmış hesaplaşmamız yüzünden.
Bu konuyu işleyen bir şiir var, biliyor musun? Şimdi yazarını hatırlamayacağım. Anlamlı bir şiirdir. Biraz değiştirerek okuyayım istersen.

Düşten yakın
boynuma sarılıyorsun.
Dokunamayacağım, sana
teşekkür dahi edemeyeceğim duruşunla
paramparça hayatımın sınırında
dolaşıp duruyorsun!

Bir an sessiz kalır.

Seni çok seviyordum annem. Ama babamı da bilmek, tanımak istemiştim. Her deştiğimde, sert anne maskeni takar, sınırını çizerdin. "Bırak şimdi. Burada yok işte" derdin.
Orda olmadığını biliyorduk zaten. Bu anlamsız mazerete ne gerek vardı ki? Ama senin, diyecek hiçbir sözün yoktu.

Sovronia'nın ruhu üzerindeki ışık halkası kısılıp söner. Panteli sahne ortasına ilerleyip, ışık altında, durur.

Sahne 2
Pub'da, Sovronia'nın üzerindeki ışık söner. Panteli oyuna giriş yaparken, Sovronia başörtüsünü çıkarıp ayağa kalkar. Karanlıkta olduğu yerde ileri geri dolanmaya başlar. Avludaki ocağı yakmaya çalışır.

Panteli: O zor günlerinde, onun küçük oğlu, hayatının ışığı, karanlık günlerinin belki de tek umuduydum.
Onu hâlâ görebiliyorum. İşte orda, bahçe duvarının oralarda, derme çatma ocağın yanında dolaşıyor. Keçinin ve sıpanın bağlandığı, üstü kapalı barınağın hemen yanında... Üstünden kaç yıl geçti kim bilir... Beni çağırıyor.

Sovronia: ışık altında Panteli, kibrit kutusunu getir oğlum.

Küçük Panteli: Nerde ki?

Sovronia: Ocağın yanında, başka nerede olacak!

K Panteli: *İnandırıcı olmayan bir tavırla etrafına bakınır.* Yok burda...

Sovronia: *Kaşlarını çatar* Oğlum, yok ne demek... Ordadır, ocağın yanında, masanın üzerinde!

K Panteli: *Muzipçe gülerek* Kibrit filan yok burda.

Sovronia: *muzipliğini fark eder.* Aman boş yere vaktimi harcama. Oyalama beni, hadee... Çabuk getir. Daha yapacak işim çok. Çamaşırını yıkıcam, keçiyi sağıcam. Hem odunumuz da kalmadı. İşe gitmeden önce dağa çıkıp odun getirmem gerek. Gecikiyorum. Stavri'nin yine tepesi atacak. Zaten bir lokma ekmek için gün boyu çalıştırıyor. Ödeyeceği paranın yarısına da sahip çıkmasın.

Küçük Panteli kibrit kutusunu eski şöminenin yanındaki raftan alıp annesine götürür. Genç Sovronia, Eli belinde, öfkeli halleri ile onu bekliyor. Panteli, büyük bir gayretle elindeki kibrit kutusunu annesine uzatırken diz çöker. Sovronia'nın yüreği çözülür, diz çöküp onu kucaklar.

Sovronia: Vay benim koçum, güzel oğlum, gel kucağıma gel, annene bir öpücük ver. Hım... Söyle bakalım, annen seni ne kadar seviyor?

K Panteli - *Kollarını açar.* Bu kadar!

Sovronia: *Yüzündeki tebessüm donar.* Peki, sen anneni ne kadar seviyorsun?

K Panteli: *Kollarını daha da açar.* Şu kadar!

Sovronia: Biraz *bozgun bir hal takınarak...* O kadarcık mı?

K Panteli: *Sesini yükseltir.* Denizler, şu dağlar kadar!

Sovronia: *Gülümseyerek...* Sen denizin ne olduğunu biliyor musun?

K Panteli: *Biraz şaşırır, sonra da bildiğine odaklanır, haykırarak.* Şu dağlar kadar.

Sovronia: *Birden hüzünlenen bakışlarıyla çocuğa sarılır.* Ah benim güzel oğlum, Pantelim... Canım...

Kucaklaşıp birkaç saniye öylece durduktan sonra Sovronia ayağa kalkar.

Haydi içeri gir. Hava bayağı soğuk bu sabah.

Sovronia, bir müddet çamaşırlarla uğraşır, sonra ipe sererken donar. Sahne kararır.
Yetişkin Panteli *ışık çemberi altında söze devam eder.*

Panteli: En çok da beni seviyordu. Kumral saçlarım beyaz tenimin ona hayırlı olacağına inanıyordu. Bir gün zengin olacağıma, onu yenilenmiş kulübesinde evin hanımı yapacağıma, koruyup kollayacağıma hep inanmıştı. O günler gelince, evinde hanım hanımcık oturup dedikodulara aldırmadan, hayatının son baharını rahatça yaşayacaktı Hayallerini gerçekleştirmek için çalıştım. Şantiyelerde, arkadaşlar bana cimri der, benimle alay ederlerdi. Aldırmazdım tabii. Bana neydi ki onlardan!

Bir an sessiz kalır.

Daha on bir yaşımda, şantiyede çalışmaya başladım. Ustam acımasızdı.

Panteli'yi saran ışık halkası kararır. Karanlıkta Vasos sahneye girer.

Vasos: *Işık halkası içinde...* Hade Panteli. Harç kurudu. Sen ne yapıyorsun? Baksana, hâlâ ayakta uyuyor. Ulan ben seni iş yapmak için mi aldım! Hade bakalım. Çabuk ol. Bu gidişle, ev değil kümes bile yapamayız.

Küçük Panteli: Ustam, uğraşıyorum işte. Ama sen hızlı çalışıyorsun. Gücüm yetmiyor.

Bir an sessiz kalır.

Vasos: Ama çabuk çalışmamız lazım Panteli. Böyle olmaz ki! Tamam dinlen biraz. Harcı ben hazırlarım. Bu halinle sen hayatta para kazanamazsın! Bari aldığını idare etmeye çalış. Har vurup harman savurma.

Vasos ve çocuk Panteli'nin üzerindeki ışık kısılır. Sahneden çıkarlar. Yetişkin Panteli oyuna devam eder.

Panteli: Ustam bu konuda haklıydı tabii. Cılızdım. Pek işe yaramıyordum. Zamanla hızlandım. İşimi de tam yapıyorum. *Bir an sessiz kalır. Yüzündeki ifade değişir.* Ustamın tuhaflıkları vardı tabii. Neyse... O başka mesele.

Yine sessiz kalır, konuyu değiştirir. Sovronia sahnede olmadığı halde, genelde oturduğu yere bakarak devam eder.

Emekli yıllarının çoğu sağlıklı geçti annem. Ona da şükür. Ziyaret ettiğim günlerde birlikte katıldığımız kutlamalar, seninle zaman geçirmek ne güzeldi!

Gülerek...

Hatırlıyor musun? Susmak bilmiyordun. Dinleyemeyeceğimi bildiğim halde, her sözünü kayda aldım.

Sahne 3

Paskalya kutlamalarından bir kesit. Kemancı, ahenkli sirto müziğini çalıyor. İki adam, köylüler tarafından oluşturulan halka içerisinde, birbirlerine mendil tutarak dans edip beraber 'ela bulli mu' diye bağırıyorlar. Hemen sonra, kemancı, "Adanalı" şarkısını çalmaya başlayınca, dans eden iki adam halkaya katılır. Solist kadın, şarkıyı söylerken, Sovronia halkayı kırar. Halka yarım ay şeklinde, Sovronia ön safhada, dans ederler.

Stavri: Vay, Sovronia Khanum, Neden bana böyle soğuk davranıyorsun? Yoksa kalbin mi dondu!

Sovronia: Stavri! Kalbim buz kesti ama ellerim sıcacık...

Stavri: Benim için mi?

Sovronia: Evet Sevgili Stavri... Ama ben her birlikte olduğum kişiye ayni şeyleri söylüyorum. *Seyirciye doğru* Meraklı köylülerim bunu onaylamaya çoktan razılar!

Kostaki: Benim için de mi?

Sovronia: *Gülerek...* Elbette. Olmaz mı... Ama başarabilirsen tabii ki!

Kostaki: *Sırıtarak* Onu kanıtlamak için denemek lazım, değil mi Sovronia Khanum?

Sovronia, senden tiksiniyorum dercesine, yüz hareketleriyle sahne ortasında, ışık halkası içine geçer. Dans durulur.

Sovronia: *Gururla* İnsanların ne dediğine, kulak asmıyorum artık. Umurumda değil! Biraz para biriktirdikten sonra verdiği sözü yerine getirdi sözünün eri oğlum. Kulübeme ek odalar kattı, banyo tuvalet filan. Birkaç çiçek ekmem, bir-iki ağaç dikmem için bahçeyi düzenledi. Aylık harcım zamanında geliyor. Köyde, kimsede olmayan gaz ocağım, elektrik fırınım var. *Birkaç saniye sessiz kalır.* Köylüler bayağı kıskanmıştı beni. Hâlâ da kıskananlar var! Zaten, yaptığım, ettiğimin gündemden düştüğü yok. Ama ben dedikodulara, onların anlamsız edep kurallarına kulak asmadan, kendi hayatımı yaşıyorum. Özelim, gizlim yok mu? Var. Ama o kimseyi ilgilendirmez

Koroya katılır. Stavri, ceket omuzunda Adanalı konumunda, onu takip eder. Sahnede donmuş dans topluluğu hareketlenir, kadro, bir kez daha sahneyi dönüp çıkarlar.

Sahne 4

Panteli'nin büyük kardeşi valiziyle kulübenin kapısından avluya giriyor. Sotiris'le Sovronia kulübenin avlusundalar. Sovronia ocakta pişen yemeği karıştırırken Sotiris'le konuşuyor. Andreas öfkelidir.

Sovronia: Acıktın mı Sotiri mou? Birazdan çorba pişer. İçine kavurduğum hellim parçalarını da koyduk mu... Mmm nefis...

Andreas: Artık bu köyde kalamayız. Gitmemiz lazım.

Sovronia: Ama neden? Kimin ne dediğinden bize ne?

Sotiris: "Bize ne" olur mu anne! Köy meydanına çıkamaz olduk. Herkes bizi konuşuyor, laf atıyorlar.

Andreas: Hani haksız da değiller yani. Gerçeği görebiliyorlar.

Sovronia: *Öfkeli.* Kardeşlerin ille de birbirlerine benzemesi gerekir diye bir kural yok. Allah'ın işi o!

Andreas: Ana... Burada kalmamız mümkün değil, anlamıyor musun? Bizden yana endişe etmene gerek yok. İkimiz de çalışıyoruz. Başımızın çaresine bakarız. Kasabada bir yer buldum. Mahalle arasında artık dükkân olarak kullanılmayan bir yer ama olsun, şimdilik bize yeter. Merak etme. İdare ederiz!

Sovronia üzgün, endişeli, sessizdir.

Sotiris: Bizi görmeye gelebilirsin. Gelebilir değil mi abi? O lezzetli yemeklerinden getirirsin ya da orda, kaldığımız yerde pişirirsin. Olur tabii... Olmaz mı abi?

Andreas: Olur, olur herhalde. Ziyaret edebilirsin tabii ki! Sana adresi gönderirim... Şimdi hatırlamıyorum... Neyse, hadi, sağlıcakla kal ana.

Sotiris: Hoşça kal annem! Seni çok seviyorum.

Sovronia: *Sotiris'e sarılır* Güle güle yavrularım. Bir gün gideceğinizi biliyordum. Ama bu şekilde ayrılacağınızı hiç düşünmemiştim. Sizi çok seviyorum. *Andreas'a* Kardeşini koru, olur mu... Bu yaşında yuvadan ayrılması beni çok endişelendiriyor. Güle güle yavrularım. Andreas'ı kucaklamak ister. Oğlan sarılmayı kabul etmez.
Canlarım... Üzülme yavrum. Yakında sizi görmeye geleceğim. *Sotiris'i tekrar kucaklar. Sahne kararır. Oğlanlar sahneden çıkar.*

Sahne 5

Tablo 1

Panteli, köy kahvehanesinin bakkaliye bölümünden aldığı birkaç şeyle eve dönerken yolda önü kesilir. İki çocuk sille tokat ona yüklenir, Panteli'nin elindeki yiyecek malzemeleri yola dökülür. Yolda yürüyen köylülerden Yakumi saldırıya müdahale eder.

Stelios: Panteli, O baba'su pkios ine? Do xeris?
Baban kim, biliyor musun? *Sahne arka paneline yansıtılır*

Yakumi: Hey, ne yapıyorsunuz? Bırakın çocuğu... Onun bir suçu yok!

Giorgos: Türk tohumu, Müslüman piçi... Turkosporos!

Yakumi: Bırakın diyorum... Bırakın çocuğu...

Stellios'la Giorgos bir müddet Panteli'yi çekiştirirken sahnede ışık sürekli çakıp söner, sonra da sahne kararır. Oyuncular sahneden çıkar.

Sahne 6

Maria Teyze, Sovronia'nın evinden çıkarken Panteli'yle karşılaşır.

Panteli: O Maria Khanum... Bu telaş, bu acele ne?

Maria Teyze: Annene uğradım. Yarın pazara gidecek. Benim de bazı el işlerim var. Belki satar diye getirdim. Dün enişten fırında kleftiko yaptı. Birazını da size getirdim. Hem madem kasabaya gidecek, Andreas'la Sotiris'e de birer lokma götürsün istedim. Sen nasılsın?

Panteli: İşte gördüğün gibi teyzem... *Çekinerek.* Kardeşlerim evden ayrıldıktan sonra bir daha köye gelmediler. Kim bilir, belki de onların da köyden kaçmaktan başka seçenekleri kalmamıştı.

Maria Teyze: Belkisi fazla Panteli mou. Alla di na kanomen... Annenin hakkını vermek elzem. Onları hiç bırakmadı. Pazara her indiğinde, yükünün yarısı onlarındır. Hâlâ da öyle. Ama ne çare... Onlar hep uzak durdular.

Panteli: Görsem tanımayacağım.

Maria Teyze: Eh... Nereden tanıyacaksın evladım. Onlar köyden gittiklerinde sen küçüktün. Babasız büyümek hiç de kolay değil. Hepiniz yıprandınız. En çok da bu talihsiz anneniz zorlandı.

Panteli: Şimdi sıra bende, teyzem. Benim de gitmem lazım.

Maria Teyze: *Telaşlanır* Sen daha çocuksun. Gitmem lazım ne demek?

Panteli: Merak etme Maria Khanum. Yazışacağız. Seni seviyorum. Hadi koş... Eniştem sabırsızlanmadan yetiş, kahvesini yap. Yoksa birazdan kıyamet kopar.

Maria Teyze: Şaka, değil mi? Boş yere beni endişelendirdin.

Panteli: Gitmeden seni ararım teyzem... Öptüm...

Panteli avluya girer. Sovronia yine avluda bir şeylerle meşguldür.

Panteli: Kardeşlerim evden, apar topar gitmişti anam... Neden?
Sovronia: *Işık halkasında...* Evet, iş güç, meşguldüler, oturup beni mi bekleyeceklerdi? İşte sen varsın Panteli mou. İyi ki varsın, çok iyi bir adam olacaksın. Bu körpe yaşında bile çalışıyor, para kazanıyorsun. Seninle gurur duyuyorum, canım oğlum.

Panteli: Sence, bizi niye terk ettiler, ana? Niye bizi görmeye gelmiyorlar?

Sovronia: Bilir miyim, Panteli mou... Belki zamanları yok, belki meşguller. Onlar genç, toylar, şuraya buraya gider başka insanlarla tanışıp görüşürler. Bizi mi düşünecekler...

Panteli: İnsanlar konuşuyor ana... *Do xeris?* Biliyor musun?

Sovronia: Varsın konuşsunlar. Dilin kemiği mi var! Bir şey bildikleri yok, dilleri tırpan gibi kesiyor sağı solu!

Panteli: Babam kim? Nerede şimdi?

Sovronia: Boş ver babanı. Burada yok işte. Hade, acele et de kahvaltını bitir. İşe geç kalacaksın.

Panteli: Doğru dürüst cevap veremedin, hâlâ veremiyorsun. Ben gidiyorum. Kahvaltımı şu aç köpeğe ver!

Sovronia: Öğle yemeğini hazırladım. Beraberinde götürmeyi unutma.

Panteli: Onu da ver şu hayvana.

Sovronia: Oğlum, haddini bil, saygısızlık yapma, günah! Allah seni de çarpar!

Panteli: Biraz geç kalmadı mı? Keşke ben doğmadan ikimizi de çarpsaydı... En gerekli zamanda işini yapamamış kerata!

Sovronia: ttt... tövbe tövbe! Alma o zaman. Gün boyu aç kal. Vasos'a söyleyim de öğle yemeğini seninle paylaşmasın. Allah'ın nimetine yüz çevirmek nedir, görürsün o zaman!

Panteli: İyi, iyi, Hemen koş, söyle. Onun yemeğini kim paylaşmak ister ki zaten?

Sovronia: *Boynundaki haçlı kolyeyi okşayarak*... Allah'ım bana sabır ver! Hava soğuk. Paltonu unutma. Akşama, yemeğe de geç kalma.

Panteli: Baş üstüne Kiriya Sovronia... Başka bir emrin var mı?

Sovronia: Ekmeğimiz kalmadı. Zahmet olmazsa fırına uğrayıp iki ekmek al. Annene saygılı olman da çok önemli küçük bey.

Panteli: *Abartılı bir selam vererek* Ah, tamam! Tek isteğin o olsun Sovronia Khanum. Hade, sağlıcakla kal!

Sovronia sahnede donar. Sahne kararır. Panteli ilk sahnedeki monoloğa devam eder.

Panteli: *Işık halkası içinde* Aslında, dedikoduya pek aldırdığım yoktu. Her şeyden çok babamı tanımak, bilmek istiyordum. Ama anam, bu konuda hiç taviz vermedi. Babamla görüşme fırsatını kaybettim. Ah anam… Ne desem ki?

Sahne kararır.

Sahne 7

Karanlıkta Sovronia sahneden çıkar, Vasos girer. Sahne ışıklandırılınca Vasos şantiyede işine mola vermiş, çay içiyor konumundadır. Panteli sahneye girer.

Vasos: Oh, günaydınlar Panteli. Aslında tünaydın desek daha uygun olur. Bakarım işe geç gelmek sende bir alışkanlık haline geldi.

Panteli sessiz kalır...

Vasos: Peki, bugünkü mazeretimiz ne acaba?

Panteli: *Homurdanarak* Uyuyakalmışım. Oldu mu şimdi?

Vasos: Bu tavır ne Panteli?

Panteli: Tavır filan yok. Bir gerçek. O kadar.

Vasos: Anlaşılan şu seviyesiz, küstah tavırlarına alışmamız gerekiyor.

Panteli: Önceden sana baş kaldırmayı akıl etmedim. Bayağı yazık oldu. *Bir an sessiz kalır.* Yeni bir çırak almışsın?

Vasos: Yani... çırak belki biraz fazla... Bir çocuk diyelim...

Vasos'un ses tonunu taklit edercesine, hızla yanıtlar Panteli.

Panteli: Evet dostum! O sadece bir çocuk!

Vasos: *yılışık bir tavırla* Hayatın gerçeklerini öğrenmek ona zarar vermez. Değil mi, Panteli?

Panteli : *Aniden* Yo, hayır. Hiç zararı olmaz tabii ki!
Nefretle... Sayın Vasos hazretlerinin keyfi için herkes harcanabilir. Küçücük bir çocuğun sözü mü olur. *Tehdit edercesine...* Bana bak Vasos... O yavruya zarar verirsen akıbetin kötü olur. Bunu iyi bil!

Vasos: Panteli, evlat, niye kızıyorsun ki? İşte biraz gönül eğlendiriyoruz. Sence de kötü bir şey değildi, biliyorsun.

Panteli: *Dişlerini gıcırtatarak...* Seni ihbar etmemekle hata etmişim!
Bak Vasos, sakın o yavruya dokunma. Sakın...

Vasos: Panteli, otursana. Otur, beraber bir kahve içelim. Termosa senin payını da koymuştum. Otur Allah aşkına. Şaka ediyordum. Gerginsin. İstersen bu sabahı kendine ayır. Pazara git... Eve götürmek için alacakların var muhakkak... Gez, dolaş... Rahatlarsın.

Panteli: Anlatamadım galiba. Bak Vasos, o çocuğa zarar verirsen, seni mahvederim.

Vasos: *Endişeli...* Tabii ki... Sen rahat ol!

Panteli: *Tehdit edercesine...* Uyarmadım deme!

Ha, bir de bana lütfedip verdiğin şu iş var ya... İade ediyorum... Kafana çal... Olur mu?

İş elbisesini çıkarıp Vasos'a fırlatır. Sahneden çıkar. Sahne kararır.

Sahne 8

Sovronia sahneye girdikten sonra sahne aydınlanır. Sovronia elinde çapa, çalışıyor konumundadır.
Stavri sahneye girer.

Stavri: *Laubali bir tavırla* Sovronia mou, nasılsın?

Sovronia: Kala na bume Stavri ge o theos tha ine mazimas. *Türkçesi sahnedeki ekrana yansıtılır.* (İyi diyelim de Allah yardımcımız olur!)

Stavri: Keyifsiziz galiba bu sabah. Bir şey mi oldu?

Sovronia: Çalışıyorum ya. Başka ne yapayım? Harem kızları gibi göbek mi atayım istiyorsun?

Stavri: Ah, çok güzel olur… Ciddiyim, Neyin var?

Sovronia: Yok bir şey …

Stavri: Söylesene… Belki bir çare buluruz.

Sovronia: Panteli için üzülüyorum. Mesele bu.

Stavri: Vasos konusunda mı?

Sovronia: Vasos? Ne demek. Bunun Vasos'la ne ilgisi var?

Stavri: Ah... Özür dilerim. Ben biliyorsun sandım.

Sovronia: Neyi biliyorum?

Stavri: Aaa yok bir şey. Önemli değil canım.

Sovronia: Ne demek önemli değil efendi, oğlumdan bahsediyorsun. Oğlumla ilgili her şey benim için önemlidir.

Stavri: *Teslim olur gibi ellerini kaldırır* Siğnomi Khanumissa. Seni üzmek istemiyorum. *Sahneyi terk etmeye çalışır.)*

Sovronia: Yoo yo, hayır efendim... Öyle birkaç zehirli lafı kulağıma verip kaçamazsın.

Stavri: Boş geç Sovronia, ben bu işe karışmak istemiyorum.

Sovronia: Ama karışmışsın işte... Hem de büyük bir hazla. Oğlum hakkında dedikodu yapmaya çoktan hazırdın. Hade bakalım, çıkar şu zehirli dilinin altındakileri de ne yapmış Vasos öğrenelim.

Stavri: Bilmiyorum, pek bir şey yapmamıştır elbette. Dediğin gibi, söylenti. Dedikodu... Dilin kemiği yok, biliyorsun.

Sovronia: Hayır, bilmiyorum. Şimdi söyle. Ne diyorlar?

Stavri: Yani, biliyorsun işte. Panteli ve Vasos...

Sovronia: Evet?

Stavri: Yani... Biliyorsun...

Sovronia: Ağzını s....im , koç, Bilmiyorum dedim ya! Söyle, ne diyorlarmış oğlum hakkında?

Stavri: Sovronia mou!

Sovronia: Bana şaklabanlık yapma.

Stavri: Ben sadece duyduğumu söyledim. Zaten o Türk tohumu. Bu tür şeylerden haz duydukları malum! Değil mi, yani! *Sovronia elindeki çapayı ona savurmaya çalışır.* Hey... Ben haberci... Elçiye zeval olmaz! Sakın! *Sahneyi terk eder.*

Sovronia: Çapayı yere savurur Şimdi gösteririm ben onlara dünya kaç bucakmış!

Sahne kararır.

Sahne 9

Vasos şantiyede öğle yemeği için ara vermek üzeredir. Sovronia elinde uzun bir sopayla sahneye girer. Öfkelidir.

Vasos: *Şaşkın* Sovronia mou... Bu ne sürpriz!

Sovronia: Sürprizlerin her zaman hoş olduğunu kim demiş, Vasos?

Vasos: Hayırdır Sovronia, bir şey mi oldu?

Sovronia: Sen söyle...

Vasos: Ah, dedikoduyu duymuş olacaksın.

Sovronia: Dedikodu yani? Gerçekle ilgisi yok!

Vasos: Tabii ki yok, kiriya Sovronia...

Sovronia: Bayan Sovronia, ha!

Vasos sessiz kalır...

Sovronia: Eee?

Vasos: Yani ne? Dilin kemiği yok. Hele bizim köyde hiç yok. Dedikodu... Ne diyebilirim ki. Senin hakkında da konuşmuyorlar mı?

Sovronia: Vasos, şimdi ne dediğine, diyeceğine çook dikkat et... Olur mu!

Vasos: Bu söylentilerden ben de rahatsızım Sovronia. Ben de şaştım bu duruma!

Sovronia: Ama söylüyorlar. Rahatsız olsan da olmasan da söylentiler ortada dolaşıyor. Ateş olmayan yerden... Biliyorsun...

Vasos: Duman yok diyorum. Hem önce oğluna niye sormadın, sormuyorsun? Şimdi git burdan Sovronia. Zaten birbirimize gereğinden fazla laf ettik.

Sovronia: Gidiyorum... Ama şunu bil, söylentiler kanıtlanırsa, akıbetini yargıya bırakmayacağım! *Etrafına bakınır* Panteli nerede?

Vasos: Biraz önce buradaydı. Çarşıya uğrayıp ev için bir şeyler alacağım demişti. Ordadır herhalde. Bilmiyorum.

Sovronia: *Bir an Vasos'u göz hapsine alır sonra yere tükürür...* Göreceğiz.

Vasos: Ben yemeğe çıkıyorum. Kusura bakma. Acil işlerim var biliyorsun. İstersen burada bekleyebilirsin. Küçük Mario sana yardımcı olur. Köşedeki yemişçiye gitti. Birazdan gelir, eminim.

Sovronia: Vasos... Eğer doğruysa...

Vasos: Eğer doğruysa ne? Ne? Neyi kanıtlar? O işten hoşlandığını mı? Anası gibi danası... değil mi, Sovronia mou! Türkosporos. Türk tohumu!

Sovronia: *Elindeki sopayı Vasos'a fırlatır. El kol sallayarak...* Seninle hesaplaşma zamanı geldi.

Vasos: *Savrulan değneği yakalayıp alaycı bir tavırla...* Bu hallerin hoşuma gidiyor, biliyor musun... Sovronıa mou... Mmmmah. Sen biraz sakinleş. Yine konuşuruz.

Sahne kararır.

Sahne 10

Sahne tekrar aydınlanınca seyahat acentesindeki görevliyi görürüz gişede. Çalışma masasında oturmaktadır. Panteli sahneye girer.

Panteli: Londra'ya gitmek istiyorum. En ucuz bilet kaç paradır?

Acenta Görevlisi: En ucuzu mal taşıyan vapurlarda. Ama günlük yiyeceğini kazanmak için yolculuk esnasında personelle çalışman gerekecek. Temizlik, ayak işleri. O tür şeyler...

Panteli: Sorun değil. Çalışırım...

Acenta Görevlisi: Pasaportun falan hazır mı?

Panteli: 'Falan' derken neyi kastediyoruz?

Acenta Görevlisi: Yolculuğunu ailenin onaylaması gerekecek. Yaşının on sekiz olmadığı malum.

Panteli: Mektup filan mı?

Acenta Görevlisi: Evet, mektup yeterli. İmzalı olması gerek. Kimlik numarasını da unutmayın

Panteli: Tamam getireceğim. Sorun değil.

Acenta Görevlisi: İyi şanslar o zaman!

Panteli: Teşekkür ederim. Şansa az bir şey ihtiyacım olacak.

Sahne kararır.

Sahne 11

Işık bir dikdörtgen şekline girer. Karakolda bir hücreyi anımsatır. İki polis görevlisi, Vasos'u sahnenin ortasına fırlatır. Birkaç saniye ona nefretle baktıktan sonra sahneyi terk ederler. Vasos bir-iki adım ilerleyip, mahcup bir tavırla seyircinin başı üzerine bakarak konuşmaya başlar.

Vasos: *Bir an sessiz kalır.* Panteli'yi çırak alma teklifi annesinden gelmişti. Zayıf çelimsiz bir çocuktu. Bir şeye yaramasa da onu işten çıkarmayı düşünmedim. Başta hep şikâyet ediyordu. Yok iş çok ağırmış, yok bana malzeme yetiştirmek imkânsızmış... Ama zamanla bu değişti. Yine de çok kez, öğle yemeği molasında yorgun, bitkin görünüyordu.

Kış aylarında mola vaktinde ısınmak için birbirimize yanaştığımız da olurdu. Hemen sonra, kenara çekilir, aramıza mesafe koyardı. Baba oğul gibiydik diyebilirim. *Bir an sessiz kalır* Bir müddet sonra anlamadığım duygularla boğuşmaya, kendimden korkmaya başladım. Her neyse, sonuçta, endişeli olduğu halde, aramıza mesafe koymaktan vazgeçti... Pek bir şey de olmadı aslında. Hoşlandığını sanıyordum. Değilmiş meğer.

Suçum büyük, eminim. Yüce tanrıdan af dilemekte bile zorlanıyorum. Zaten onun beni affedeceği yok. *Birkaç saniye sessiz kalır.*

İki metre karelik hücrede İnsan nasıl yaşar, düşünemiyorum? Şimdiden korkmaya başladım.

Bir müddet sessiz kalır...

Bir şans... Panteli adayı terk ediyor. Duruşmaya gelmeyecek. Küçük zaten bir şey demez, diyeceği bir şey yok çünkü. Eğer Panteli yazılı ifade vermediyse, ki bu mümkün değil, atlatabilirim belki. İnşallah diyesim geliyor ama sende müsamaha yok. Biliyorum.

Sahne kararır. Vasos sahneden çıkar.

Sahne 12

Sovronia: Erkencisin! Neyin var? İyi misin?

Panteli: *Annesini kucaklamaya çalışır.* Seni seviyorum. Bunu biliyorsun, değil mi?

Sovronia: *Gülümseyerek.* Sevgi karın doyurmuyor. Bunu biliyor musun? *Sessizce birbirlerine bakarlar. Sovronia devam eder.* Bugün çalıştığın yere gittim. Yoktun.

Panteli: Eee?

Sovronia: İnsanlar ileri geri konuşur demiştin. Seni de çekiştiriyorlar...

Panteli: *Olduğu yere çakılır.* Ne diyorlar?

Sovronia: Duymadın mı?

Panteli: Hayır duymadım. Ne diyorlar?

Sovronia: Vasos'la sen... Yani... Berabermişsiniz...

Panteli: Peki bunda ne var? Beraberiz zaten... Birlikte çalışmıyor muyuz?

Sovronia: Panteli, gerçek mi? Onunla birlikteliğin oldu mu?

Panteli: Bana böyle bir soru sorduğuna gerçekten inanamıyorum.

Sovronia: Söylentileri körükleyen Vasos'tur. Gerçek mi? Panteli mou? Aranızda bir şey geçtiyse bana söyleyebilirsin. Eğer sana bir kötülük yaptıysa onu yok ederim. Yemin ediyorum, leşini akbabalara yediririm.

Panteli: Buna gerek yok annem. Ben...

Sovronia: *Öfkelidir. Panteli'nin sözünü keser.* Elimden kurtulamaz... Söz. Hadi söyle, bir şey oldu mu?

Panteli: Boş yere enerjini tüketme annem...

Sovronia: Panteli... Söylentiler gerçek mi?

Panteli: Ben gidiyorum anne. Her şey gibi bu da zamanla unutulacak...

Sovronia: Şaşkın... Ne demek gidiyorsun? Nereye gidiyorsun?

Panteli: Gitmem elzem annem. Benim gibilerin bu adada yeri yok maalesef. En iyisi gitmek. Kaybolmak her ikimiz için de iyi olacak.

Sovronia: Ne diyorsun sen yavrum?

Panteli: Şu mektubu imzalarsan gitmemi kolaylaştırırsın. Yok imzalamam dersen, sorun değil. Ben yine giderim. O gemiye bir şekilde binmeyi başarırım.

Sovronia: Ama neden?

Panteli: Nedenini biliyorsun annem. Şimdi durum daha da vahim. Köylünün tırpan misali diline takılacak yeni bir fantezi var. Rahat bırakırlar mı sanırsın?

Sovronia: Panteli mou, oğlum, beni dinle... Yanımda olmanı istiyorum... Sana ihtiyacım var. Biliyorsun.

Panteli: *Acı bir gülümsemeyle...* Üzülme, sana para göndermeyi ihmal etmem.

Sovronia: Para umurumda mı sanıyorsun? Panteli... Evladım. Sen daha çocuk denecek kadar küçüksün. İmzalamayacağım.

Panteli: Tamam, paşa gönlün nasıl isterse öyle yap.

Sovronia: Panteli... Oğlum, Söylentiler doğru mu?

Panteli: Ana... Belli ki sen şu söylentilere inanmak istiyorsun. O zaman, dana anası gibi mi diyelim? Ne de olsa Türk tohumu. Hepsi dönek. Bu tür şeylerden hoşlanıyorlar. Takma kafana. Hoşça kal annem. Yazışacağız.

Sovronia: Bir dakika... Ver şu kâğıdı da imzalayayım. Git, çık bu cehennemden. Belki şansın değişir.

Panteli: Allaha ısmarladık annem. Seni seviyorum

Kucaklaşırlar...

Sovronia: *Biyene me do kalo, do yudimu...* Yolun açık olsun yavrum. Seni çok özleyeceğim. Ama gitmen daha iyi olacak galiba. Al şunu. *On Kıbrıs lirasını göğsünden çıkarıp eline tıkar*

Zor günlerimiz için saklıyordum. Zor günler geldi çattı.

Panteli çıkar. Sovronia ardından bakakalır. Sahne kararır.

Perde 1 - SON

Perde 2
Sahne 1
Tablo 2

Oyuncular sırayla, teker teker sahneye çıkarken aşağıdaki satırlardan birini seslendirir.

Sovronia mou

Güzeller güzeli

Az hafif

Ayarsız yani

Türkseven

Edep kurallarını çiğneyen kadın

Türk tohumu piçin

Yuvayı terk etti.

Sahne 2

Panteli ve Sovronia kulübenin avlusunda oturuyorlar. Sovronia'nın dizleri battaniyeyle örtülü. Sovronia'yı bakım evine taşımayı tartışıyorlar.

Sovronia: *Panteli'ye öfkeli… Ego di tha gano sti Lemosson wre yemu. Enna me baris sti Lemessathes?* "Ben Limasol'da ne yaparım ki beni oraya taşıyacaksın!" *Ekranda yansıtılır.* Ömrümü bu dağ köyünde geçirdim. Trafiğin hiç dinmediği, insanının sürekli meşgul olduğu Limasol'un ana caddelerinin birinde, bir apartmanın ikinci katında nasıl yaşarım? Köyümde rahattım ben. İnsanımı tanıyor, biliyorum. Sohbet etmeye gelen komşularım, akrabalarım var. Yoldan geçenler selam verir, hâl hatır sorarlar. Havası da temiz. Köy yaşam dolu. Tamam, çocuklara zaman zaman öfkeleniyorum ama genelde iyi geçiniyoruz. Kibirli şehirlilerin saygısız, şımarık hallerine nasıl dayanacağım? Ben burada kalayım en iyisi. Burası benim için daha iyi olur. Eminim.

Panteli: *Annesine…* Annem, haklısın. Bağımsız yaşam senin hakkındır. Ama kendi ihtiyaçlarını görmekte zorluk çekiyorsun. Bu halinle seni burada bırakıp gidemem. Bir şey yapmam lazım. En azından emniyetli bir yerde bakım göreceksin.

Sovronia: *Hayır dercesine başını kaldırır...*

Panteli: O zaman benimle gel.

Sovronia: Oxi!

Panteli: Peki, napalım?

Sovronia, nasıl İstersen öyle yap dercesine omuz silker.

Sahne kararır...

Sahne 3

Sovronia, Limasol bakım evinde, tekerlekli sandalyesinde oturmuş düşünürken, birden seyirciye döner.

Sovronia: *Işık halkası içinde, seyirciye dönerek konuşur...* Panteli'nin taşınma teklifine çok kırılmıştım. Şu, sözde bakım evinden ne kadar nefret ettiğimi ona hiç söylemedim. Hayatımda, ilk kez, bu naylon şehirlilere, yenik düştüm. Seksen dokuz yıllık hayat tecrübemi hiçe sayıyorlar. *Bir an sessiz kalır. Öfkeli şekilde devam eder.*
Gerekmediği halde, kolay olsun diye ısrarla bizi şu bezlerde sarılı tutuyorlar. Kibirli, saygısız, sebatsız, küstah insanlar. *Putanes!*

Bir an sessiz kalır.

Acaba diyorum, Panteli beni buraya cezalandırmak için mi tıktı?

Sovronia sessizce düşünürken Maria sahneye girer.

Maria Teyze: Sovronia mou. Bak ben geldim. Nasılsın? Köyde hepimiz seni merak ediyoruz!

Sovronia: Peh... Köydeyken beni pek merak ettiğiniz yoktu. Şimdi ne oldu hepinize?

Maria Teyze: Aaa. Etmez miyiz? Bak sana neler getirdim. Pilavunalar, tatlılar. Dün bayramdı biliyorsun. Kadayıf yapmıştım. Sucuk da getirecektim ama unuttum maalesef.

Sovronia: Ha, unuttun demek... Eh teşekkür ederim. Yatağımın altındaki sepete koy. Görmesinler yoksa alıp götürürler.

Maria Teyze: Aaa... Kim alıp götürür Sovroniya mou?

Sovronia: *Yüz işareti yapar.* O saygısız çılgınlar. *Ei Putanes.*

Maria Teyze: Ttt-tövbe tövbe! *İki diş arasında, sitem anlamında bir ses çıkarır.* Sonra da konuyu değiştirir. Eee nasılsın, İyi misin?

Sovronia: *Eh... kala ime... Alay edercesine* Burda bir kraliçe muamelesi görüyorum...

Bakıcı Pollyxeni sahneye girer...

Pollyxeni: Kiriya Sovronia. Banyo vaktin geldi. En sevdiğin şey. Hazır mısın?

Sovronia: Olmaz mıyım! Ayda bir de olsa iyi gelir!

Pollyxeni: Aaaa, öyle demeyin kiriya Sovronia. Gün aşırı banyo yapıyorsunuz. Ne güzel, tertemiz! Hadi bakalım. Gidelim mi? *Maria'ya* – Banyoyu çok seviyor Sovronia'mız!

Sovronia'nın oturduğu tekerlekli sandalyeyi sürüp sahneden çıkarlar. Sahne kararır.

Maria ışık halkası altında seyirciye döner.

Maria Teyze: Kız kardeşim tuttuğunu koparan, güçlü bir kadındı. Eşi de iyi bir adamdı. Karanlık bir akşamüzeri, işinden eve dönerken feci bir kazaya kurban gitti. Sovronia da benim gibi görücü usulüyle evlenmişti. Biliyorsunuz, *Broxenya!* Öyleydi o günlerde. Şimdiki gibi değil. Tanıştık... Beraber olduk... Bitti. O kadar. Peh. Ah Sofoklis. Ne çalışkan bir gençtin. Aileni sever, tüm ihtiyaçlarını karşılardın. Zavallı kardeşimi iki yavruyla bırakıp gittin. *Gaimenimu!* Kader işte, naparsın.

Başını sallar sahne bir an sessiz kalır.
Sovronia ile Pollyxeni tekrar sahneye girer.

Pollyxeni: Aklandı paklandı Sovronia'mız, Maria *Khanum.* Biraz dinlen Kiriya Sovronia. As sonra yemeğini getireceğim. Siz de yemeğe kalıyor musunuz, *thia mou?*

Maria Teyze: *Oxi, efkaristo bara boli.* Aç değilim.

Pollyxeni: Çay, bisküvi getireyim o zaman. Ablana eşlik etmiş olursun.
Maria Teyze: Teşekkür ederim. Sağ olasın. Birazdan gitmem lazım. Köy otobüsünü kaçırırsam beni pazartesi sabahına kadar misafir etmek zorunda kalırsınız.

Pollyxeni: Aaa lafı mı olur? Şuraya bir yatak kurarız olur biter.

Maria Teyze: Sağ ol, koritsi mou. Gideyim ben. İhtiyarım evde yemek bekler. *Elini sallar* Kadın olmak başka bir şey. Biliyorsun.

Pollyxeni: Bilmez miyim?

Pollyxeni sahneden çıkar. Sovronia bu nezaketli iletişime öfkelenmiş gibi kafasını sallar.

Sovronia: Siz az mal değilsiniz. Bu kadar da yalan olur mu, ziyaretçilerimin önünde dal gibi eğilip diriliyorlar. Gıcımışlar!

Maria Teyze: Eh... Hadi Gideyim ben artık. Yolum uzun. Yaşlandım da be Sovronia mou. İşler bana zor geliyor artık.

Sovronia: İyisin. İyisin. Sen daha genç kız sayılın.

Maria Teyze: Eh genç kız... O günler geçti. Neyse, bir şey ister miydin? Haftaya geldiğimde getiririm.

Sovronia: Başını sallar *Oxi efkaristo bara bolli, (Sağ olasın. Teşekkür ederim - ekranda yansıtılır.)* Güle güle git. Hayır dualarım seninle olsun. Soranlara selam söyle. Yine geldiğinde görüşürüz. İyilikle kal. *Hade, Bienne me to kalo ge o theos na se prosexsi.*

(Allah'a emanet ol ekranda yansıtılır.)

Sahne kararır.

Sahne 4

Sovronia tek ışık altındadır. Seyirciyle sohbet edercesine anlatmaya başlar. Yüzünde donuk bir tebessüm var.

Sovronia: Ah Fehim! Yavrumuz, Yıllarca, "babam kim?" diye ısrarla seni sordu. Pazarda buluştuk diyemedim. *Seyirciye döner.*
O yıllarda, kim ne üretirse satmak için belediye pazarına, götürürdü. Meyveler, sebzeler tam tazeydi. Sucuk, köfter gibi köy kokulu yiyeceklerin yanında, param yetmediği için alamadığım mezdeki kokulu tatlılar da vardı. Artık o lezzetler yok!
Cumartesi günleri adeta bir festivale dönüşürdü.
Kasabaya erken gelenlerdendim. *Duraklar.*

Fehimin helva dükkânı sehpamın karsısındaydı. Beni sürekli süzdüğünün farkındaydım ama o tür bakışlara alışkın olduğum için boş vermeye çalışırdım. Bir süre sonra benimle sohbete başladı. Yani, tek yönlü bir sohbet. Arada, 'Sen güzel kadınsın' der, her fırsatta bana yaklaşmaya çalışırdı.

Sahne kararır. Köşede, Genç Fehim ışık altındadır. Sovronia olduğu yerde donar.

Fehim: - Günaydınlar Kiriya Sovronia.

- Size yardım edebilir miyim?
- Bir Türk kahvesi içer miydiniz? Tercihinizse eğer, Rum kahvesi de olabilir!
- O kara kütükte pek rahat görünmüyorsunuz. Bir sandalye vereyim. Daha rahat olur.
- Acıkmışsınızdır muhakkak. Kıbrıs köftesi ısmarladım. Buyurun, paylaşalım. Bakın sımsıcak ve nefisler. Salata, sıcak pide de var. Oh ne güzel. İçecek bir şey de vereyim.
- Susamışsınızdır...Mandalina kokulu gazoz var. Ondan vereyim İsterseniz.

Sahne kararır.
Sovronia ışık altında anlatıya devam eder.

Sovronia: Yavaş yavaş, bu yakışıklı, yeşil gözlü adamın ağına düşüyordum. Üstelik samimi olduğundan da pek emin değildim. Sohbetimiz artıkça birbirimize daha da yakınlaştık. Sonuçta birlikte olma teklifine evet dedim.

Sahne kararır. Sahne arkasına yansıtılan filimde, yatak odasında Fehim, elinde iki bardak kırmızı şarapla Sovronia'yı bekler. Sovronia heyecanlı fakat emin olmayan adımlarla içeri girer. Fehim yaklaşıp kolunu Sovronia'nın boynuna geçirir. Elindeki şarap bardağını dudağına değdirir. Sarılıp öpüşürler. Veya sahnede çabuk bir değişimle -belki sahnedeki minder yatağa dönüştürülür- genç Sovronia ve Fehim aşk ve veda sahnelerini oynarlar.

Sovronia: Korkuyorum.

Fehim: Bilmez miyim! Merak etme. Hancı güvenilir bir arkadaşımdır. Bir şey olmaz. Sana, seni ne kadar sevdiğimi söylemiş miydim güzel kadın. *Şarap bardağını uzatır. Birlikte birkaç yudum içerler. Fehim koltuğa oturur.* Gel... kucağıma gel. Aşkım! Seni seviyorum.

Sovronia: Ben de... Hem de çok... *Tekrar sarılırlar. Perde kararır. Aradan zaman geçtiğini belirten bir müzik. Tekrar açıldığında genç Sovronia acele giyinirken genç Fehim yanına yaklaşır. Elini tutar.*

Fehim: Sana doyamıyorum. Ne olur biraz daha kal.

Sovronia: Gitmem lazım. Çocuklar aç. Evde yemek bekliyorlar.

Fehim: Aşkım... Evlen benimle...

Sovronia: Seni seviyorum. Hem de tahmin edemeyeceğin kadar çok seviyorum. Lakin, engeller var. Biliyorsun.

Fehim: Ben tüm engellere meydan okuyorum. Yeter ki sen evet de.

Sovronia: Bilmez miyim canım benim... Aşkım...

Fehim: Neden olmasın ki Sovronia mou?

Sovronia: Yavrularımdan vazgeçemem. Onlara kim bakar?

Fehim: Onlar gelmesin dedim mi ben?

Sovronia: Ağabimou... Tabii ki demedin. Ama onlar kocaman çocuklar. Durumu kabul ederler mi? Ondan hiç emin değilim.

Fehim: Belki hemen kabullenmezler ama zamanla olur muhakkak...

Sovronia: Onlar kabul etse bile bizimkiler etmez. Ama diyelim ki onlar da kabullendi. Sen ailene iki çocuklu bir Rum gelin takdim edebilir misin? Bir de onu düşün. Çıkmaz yoldayız maalesef. Aşkım, sen çok iyi niyetli bir insansın. Keşke herkes senin gibi olsa. Ne çare...Geciktim. Gitmem lazım.

Fehim: Haftaya geliyorsun değil mi?

Sovronia: Evet...

Kucaklaşırlar. Sovronia çıkar sahne kararır.

Sovronia: *Yaşlandırılmış* Ona, sırılsıklam âşık olmuştum. Pişman değildim. Hâlâ da değilim. O yıllarda, bu birliktelik sonucunda, hamile kalmam kaçınılmazdı. Fehimin ısrarlarına rağmen, onunla evlenmeye, bildiğim, tanıdığım insanlardan, dinimden ayrılmaya, cesaret edemedim. En kötüsü, çocuklarımı kaybedebilirdim. Kıyamadım. Bunu Panteli'ye nasıl anlatırdım?
Dedikodular dillerde dolaşıp duruyordu. Duymamış olması imkânsızdı. Ama ben açıklamadım. Açıklayamadım. Panteli mou... Canım oğlum. Sen, her şeye rağmen, bir şekilde kendini kurtarabildin.

Sahne kararır.

Sahne 5

Tablo 3: *Kadro bireyleri sahneye girerken birer cümle haykırır.*

Ah, Sovronia
güzel kadın.
Türkseven
 az hafif
ayarsız yani.
Sevecen.
Dert dinleyen dertli kadın.
Yırtıcı
toprak ana
Sovronia
artık yok!

Sahne 6

Sovronia'nın kulübesi. Sahnede Maria Panteli ve tüm kadro var. Sosyal bir sahne cenazeden sonra merhumun evinde onu yad etmek için toplandılar.

Panteli: Eee neymiş şu gizli hikâye *thia mou* Maria?

Maria: 'İyi bir Türk'tü.' Diğerleri gibi değildi.

Panteli: Tamam, anladık, "İyi bir Türk'tü" ama şimdi nerede?

Maria Teyze: Bilmem ki, *Panayodi mou*. Kim bilir? Tanışmadık. Bakım evindeyken onu ziyaret ettiğim günlerden birinde anlattı. Hatırlarsın, sana söz vermiştim. Elimden geldiğince onu ziyaret eder bir şeyler de götürürdüm. Bir seferinde konuyu açıp bunları söyledi. O da Fehim'in izini çoktan kaybetmiş diyordu. *Bir an susar.*

Panteli: Eee adının Fehim olduğunu öğrendik. İyi bir Türk'müş. Onu da öğrendik. Başka ne dedi gizemli anam?

Maria Teyze: Özel şeyler Panteli mou. Sevgiliymişler filan. Fehim onunla evlenmek istemiş. Onurlu bir Türk'tü. Anneni çok seviyordu. Ama annen kabul etmedi. Biliyorsun, kardeşlerin vardı. Toplum baskısı filan... Hâlâ var ya...

Panteli: Peki beni niye arayıp sormamış.

Maria Teyze: Olaylar oldu oğlum. İç çatışmalar; biliyorsun. Sonra adanın İkiye bölünmesi...

Panteli: Olaylardan önce niye aramadı.

Bu konuşma esnasında Fehim sahneye girer. Panteli ile Maria'nın yanına yaklaşır. Panteli'nin son lafını duyar ve ona cevap verir. Tüm kadro hayretle ona bakakalır.

Fehim: Merhaba ben Fehim. Sorunun cevabını ben vereyim İstersen. Panteli isminde bir oğlum olduğunu bilmiyordum.

Panteli: Şakanın sırası mı şimdi Efendi!

Fehim: Şaka değil. Hamile olduğunu benden gizledi.

Panteli sessiz kalır. Maria araya girer.

Maria Teyze: Neyse ne diyordum... Ha o bakım evinde mutlu değildi. Sana söylemedi, şikâyet etmek istemedi ama mutsuzdu.

Panteli: *Gözü Fehim'de, robotik cevaplar verir...* Öyle mi? Nasıl olur? Ben öyle bir şey sezmedim. Onu ziyaret ettiğimde muhakkak fark ederdim.

Maria Teyze: Nasıl görecektin ki evladım. Ben de ziyaret ettiğimde el pençe divandılar. *Elini sallar* Nerde? Aslında o da kolay bir insan değildi. Ama görev bu. İşlerini düzgün yapmaları gerekmez miydi? Hep gösteriş.

Panteli: Hayret. Annem bana burada mutsuzum demedi.

Maria Teyze: Seni Üzmek istemedi. *O yüzden.* Her neyse... Ne diyordum? Ha evet...Bazı ayarsızlar Akbabalar gibi etrafında dolaşıp durdular. Onu rahat bırakmadılar. İstavroz çıkarır. Hangi işe çağırdılarsa hayır demedi. Yıllarca çalıştı, sizleri korumak büyütmek kolay değildi.

Panteli: *Panteli söylenenleri sanki duymuyordu.* Evet. Çok çalıştı annem.

Maria Teyze: *Fehime bakarak devam etti* İlk yıllarda, köylülerin dilleri tırpan kesildi. Hakkında söylemedikleri kalmadı. Ta ki rahmetli babamızın sabrı tükendi de laflarını ağızlarına tıktı. *Kıkırdayarak...*
Yine de iyi etmemiş. Tüm aileyi mahcup etti. Dillerde dolaştık. En çok da sen etkilendin, Panteli mou.

Panteli: Eh... Hayat bu! *Di na ganome?*
Fehim'e... Sen niye geldin? Biz hepimiz yaşam mücadelesi verirken sen neredeydin. Şimdi niye geldin.

Fehim cevap vermez. Maria yine araya girer.

Maria Teyze: Oğlum. Bu annenin cenaze törenidir. Buraya davetli de gelir davetsiz de. Olay çıkarmayalım. Hem yıllarca babanı bilmek görmek isteyen sen değil miydin?

Panteli sakinleşir. Sotiris'le Andreas sahneden çıkar.

Fehim: Bir şeyler anlatıyordun Maria Hanım. Devam etsene.

Maria Teyze: E yani, işte... Rahmetliyi anıyorduk. Çocuklarını sever onlarla gurur duyardı. Bunu da çok severdi. 'Böyle bir oğlum olduğu için şanslıyım' derdi. Diğerlerini de hiç bırakmadı. Hep peşlerinden koştu. Ama onlar analarını arayıp sormadı maalesef. Kaç zaman bakım evinde kaldı. Gidip ziyaret etmediler. Buradaydılar. Biraz önce çıkıp gittiler. Hepimiz yıprandık bu aşk hikâyesinden Fehim Beyciğim. Keşke seninle evlenseydi. İyi adamsın. Ona da çocuklarına da bakardın. İnsansız. Ne var ki bunda? Şu anlamsız milliyetçi zihniyeti çoğumuzu evsiz kimimizi de gurbete mahkûm etti.

Panteli seyirciye döner, ölü annesinin gölgesine hitap edercesine...

Panteli: Annem cesur kadındı. Ama sana evet demeye cesaret edemedi. Rum veya Türk, hepimiz bu adanın insanıyız. Bunu bir türlü kavrayamadık.

Baba oğul bir süre bakıştıktan sonra kucaklaşırlar.

Sahne kararır.

Sahne 7

Beyaz perdeye yansıyan yazı.

2004 Sınır kapıları açıldıktan bir süre sonra.

İçki sofrası. Fehim, Panteli'ye Kıbrıs'ın güney kesiminde kalan, doğup büyüdüğü köyünü anlatıyor.

Fehim: *Işık halkasında* Engin duygularla cenkleşen bir bendim sanıyordum. Evimiz, yuvamız, aile yerimizin uyandırdığı duygu çığları! Meğer ablam da aynı duyguları yaşamış.
Evimizi yerle bir ettiler. Arsa, yandaki evin bahçesi olarak kullanılıyordu.
Köyü dolaşırken, alışageldiğimiz o sesleri hep aradım. Annem, babam, dedem, dayımlar, diğer akrabalar, uzak yakın, kocaman bir aileydik. Ama şimdi kimse yoktu. Doğduğum, büyüdüğüm yere yabancıydım. Öylece donup kaldım. Kasabada, Dede'nin başka evleri vardı. Onları güneye göçen ilticacılara kiraladılar. Görmeye gittiğimde kiracılardan biri önce 'Bu sizin eviniz mi?' diye sordu. Sonra da "Biz çıkarız...Sonuçta bu sizin malınız" dedi.
Her şeyi talan eden anlamsız savaşlar!

Bir an sessiz kalır.

Panteli: Maalesef baba. Peki kuzeye geçişin nasıl oldu?

Fehim: Çarpışmalar esnasında yaralandım. Yunan askerinin beni öldürmemesi bir şanstı. Önce hepimizi kapalı bir mekâna kilitlediler. Sonra da gözümüz bağlı, bir esir kampına aktardılar. Nerede olduğumuzu bilmiyorduk. Kalabalıktık. "Bu gidişle kayıplar listesini kabartırız herhalde" diye birbirimizle şakalaşıyorduk.

Panteli: Peki nasıl kurtuldunuz?

Fehim: Birleşmiş Milletler askerlerinden biri fısıldadı: Rehindik. Anlaşma esnasında takas edilecektik. Sayısız taciz ve zulme karşın, bir şekilde yaşama tutunmayı başarabildik. Biliyor musun, su dahi vermiyorlardı. Arkadaşlardan biri hepimiz için su isteyecek oldu. Süngüyle, onu kızıl güneşin altında sahanın etrafında defalarca koşar adım sürdüler. Çoğumuz sağlık sorunları yaşadı. Şeker, kalp... Erken göç ettiler.

Panteli: Yunan askeri İzmir'den defedilmelerinin hesabını soruyordu herhalde. Peki doktor, ilaç?

Fehim: Maalesef...Kan kaybımdan halsiz kaldım. Kendimi kaybettim. Ölebilirdim de. *Bir an sessiz kalır* o yüzden ilk takas edilenlerdendim. Hastane, doktor, ilaç. Bir şekilde yaşatıldım. Yine de bütün bunlar, annenden ayrıldığımda çektiğim acı yanında bir hiçti. Onu deli gibi seviyordum. O da bana âşıktı. Evlenmedim. Bir gün çıkar gelir, birlikte mutlu oluruz diye hep bekledim. Sonra sınırlar çizildi... Umutlar söndü... Ne çare. Neyse ki altmış beş yıl sonra seni buldum... Bir mucize yaşamış gibiyim. Ayaklarım yere basmıyor evlat!

Bir müddet sessiz kalırlar.
Şimdi sen anlat bakalım... Neredesin? Ne yapıyorsun?

Panteli: Uzun hikâye... Peki anamın ölüm haberini kimden aldın.

Fehim: O da uzun bir hikâye... Ama seni buldum ya... Dünyalar benim oldu.

Panteli: İçelim o zaman! *Baba oğul kadeh tokuştururlar.* Yıllarca seni sayıkladım. Sonra ansızın, 'Ben Fehim' diye karşıma çıktın. Tepem attı.

Fehim: Bilmez miyim?

Panteli: "Şimdiye kadar neredeydin?" gibi saçma sorular... Sen o an karşımda beni kucaklamaktan kendini zor tutuyordun. Bense öfkeli hallerimle seni itiyordum. İyi ki Maria teyzem araya girdi. Onu hiç bu kadar öfkeli görmemiştim...

Bir an sessiz kalırlar.

Fehim: Nihayetinde birbirimize sarılabildik. Amansız zamanla yarışıyoruz Panteli mou. İçelim...

Kadeh tokuştururlar. Sahne kararır. Tekrar aydınlandığında Fehim sahneden çıkmıştır. Panteli ayni masada içiyor.

Panteli: Çok geçmedi, o da göçtü gitti. "Kara sevdadan" dediler. Hiç şaşmadın değil mi Panteli? Mutluluk sana ancak ufacık dilimlerle sunulur.

Sahne kararır.

Sahne 8

Panteli Hackney'deki müdavimi olduğu pub'a girerken babasının söylediği Kara Tren türküsünü mırıldanır.

Kara tren gecikir belki hiç gelmez...
Dağlarda ...

İyi akşamlar... Gizemli anam... Gizlilerin ortaya çıktı... Söylemiş miydim? Babam seni yad ettiğimiz salona girdiği an, Maria teyzem dolu dizgin senin geçmişini sergiliyordu. Hepimiz yıprandık bu anlamsız travmadan. Ne çare. *Bir an sessiz kalır.*
Biramı içemeyeceğim bu akşam. Yine görüşeceğiz. Eminim. Biliyorsun. Bu mucizevi buluşmalarımıza birlikte imza attık. Hade eyvallah!

Ceketini omuzuna atıp sahneden çıkarken, Kara Tren'i mırıldanır. Sahne karardıktan sonra da türkü devam eder.

Kara tren gecikir belki hiç gelmez,
Dağlarda salınır, derdimi bilmez,
Dumanın savurur, halimi görmez,
Kan dolar yüreğim, göz yaşım dinmez.

Sahne kararır

SON

6
Yaşlı Çınar - Beden Zayıftır Efendim!
Bir radyo oyunu.

W.G. Ağaç Budarken

İngiliz devlet adamı William Gladstone'un (1809-1898) Kuzey Galler'deki malikanesi Hawarden'da odun keserken görülen bir kabine kartı portresi.

Gayri resmi bir başbakanı işinin başında dinlenirken gösteren bu alışılmadık portre, bu dönemde ünlülerin resmi stüdyo düzenlemeleri ve neredeyse standartlaştırılmış poz çeşitleriyle, daha geleneksel ticari portreleriyle tam bir tezat oluşturuyor. Gladstone fotoğrafın yaratımında gönüllü bir katılımcı olmuş ya da en azından kitlesel dağıtımını onaylamış olmalıydı. Bu resimde kendini endüstrinin değerleriyle aynı hizaya getirerek kamusal imajını bilinçli olarak manipüle ettiği sonucuna varabiliriz.

Gladstone etkin bir siyasiydi. Fiziksel emekten kaçınmayan üst düzey bir hükûmet yetkilisinin görüntüsünün seçmenlerinin çoğunun dikkatini çekeceğinin farkında olmalıydı.

Fotoğraf 1877 yılında Manchester'ın Bolton bölgesinde yasayan William Currey tarafından çekilmiştir.

Bölüm 1
Sahne 1

Fonda müzik. Fincan ve tabakları temizleyen bir görevlinin ayak sesleri, uzakta öten kuşların sesleri ve ön planda bir köpeğin gerinme ve sızlanma sesi duyulur. Bu sesler arasında yaşlı bir adamın belli belirsiz mırıldanmaları da vardır.

Yaşlı Çınar: Tut şu ceketimi Watson. Bu ağacı budamanın zamanı geldi sanırım! Bunu yaparken beynimde dolaşıp duranları da şekillendirmeye çalışacağım.

Watson: Baş üstüne efendim. İsterseniz ağacı ben keseyim, efendim.

Yaşlı Çınar: Saçmalama, Watson. Egzersize ihtiyacım olduğunu biliyorsun.

Watson: Evet, efendim.

Yaşlı Çınar: Bana efendim demekten vazgeçsen çok iyi olur Watson. William de... Zor mu? Sadece William. İzin çoktan çıktı zaten.

Watson: Evet, efendim. Yani, biliyorum efendim, ama amirimle içli dışlı olmak zoruma geliyor. Kaldı ki siz Britanya İmparatorluğu'nun başbakanısınız. Size sıradan biriymişsiniz gibi hitap etmem zor oluyor.

Yaşlı Çınar: Olmasın Watson! Dediğimi yap! *Birkaç saniye boyunca ağaç budama sesi duyulur ve sonra diner. Sessizlikte William'ın ağır nefes alışları ön plana çıkar.* Oh, dinlenmek de iyi. Söylesene Watson, oy verebilmen hakkında ne düşünüyorsun? Artık oy verme hakkın var, biliyorsun değil mi?

Watson: Bilmiyorum efendim. Bir şey fark etmez sanırım. Zaten henüz oy filan vermedim.

Yaşlı Çınar: Vereceksin, Watson. Hakkını kullanacaksın! Önemli olan akıllıca kullanmandır. Umarım o aç gözlü Muhafazakârlara ve liderleri gösteriş budalası Disraeli'ye oyunu harcamazsın!

Watson: Evet, efendim.

Yaşlı Çınar sessizce dinlenirken fonda müzik zamanın geçtiğini belirler.

Watson: Kraliçe'nin sizi sevmediği doğru mu efendim? Bu nasıl olabilir ki? Siz gelmiş geçmiş en çalışkan başbakanısınız, efendim. Saygıdeğer kraliçemiz sizden çoktan memnun olmalı.

Yaşlı Çınar: Ah… Kraliçe hazretleri konuşma tarzımdan hoşlanmıyor. Duyduğuma göre ona, halka açık bir toplantıdayız gibi hitap ettiğimi düşünüyormuş. Aylık toplantılarımızda kendini öyle hissediyormuş. Napalım. İlle de herkesin sevmesi gerekmez. Seçmen istesin yeter. İçeriye girsek iyi olur, Watson. Hava soğuk. *Yaşlı adamın ayağa kalkarken çıkardığı sesler duyulur.* Bayan Gladstone oturma odasında mı?

Watson: Hayır efendim. Bir süre önce ayrıldı, efendim. Ailesinin malikanesinde olacağını söyledi, efendim.

Yaşlı Çınar: Ah evet… Bana da söyledi de… Ne zaman ayrıldı?

Watson: Yaklaşık bir saat önce, efendim.

Yaşlı Çınar: Eh iyi. İskoçyalı büyükbabamın dediği gibi, bu gece de yine tek başımayım. Uyusam iyi olacak. Sabah erkenden Londra'ya gideceğiz, biliyorsun!

Watson: Evet, biliyorum efendim. Zaten çok meşgulsünüz efendim… Yalnızlığı hissetmezsiniz. *Laubali bir tavırla* Bir de yapılması gereken bir sürü 'kurtarma' işi var.

Yaşlı Çınar: Ah evet… Şu ceketi yukarı çıkarsan iyi olur, Watson. *Vücut ağrılarından şikâyet eden sesler çıkarır.* Oh… omzumu biraz zorladım galiba. Ağrıyor. Eski bir ağaç… Uğraştırdı bayağı. Her neyse, senin de ima ettiğin gibi yarın gece 'kurtarma' işlerim de olacak, genç adam.

Watson: *Laubali tavrını devam ettirir…* Evet, efendim. Tanrı bizi korusun, özellikle de o kadınları, efendim. Zavallı ruhlarını azat eder inşallah. Geceler artık soğuk, efendim. Sokaklarda yürümek zor olabilir. İçeride kalmanız daha iyi belki.

Yaşlı Çınar: Peki, peki yarına Allah kerim Watson… Bakarız… *Fonda müzik sahnenin sona erdiğini belirtir.*

Bölüm 1

Sahne 2

Gece saat 10'dan sonra Downing Street'te. Yaşlı Çınar, başbakanlık ofislerinin üstündeki dairesine çıkarken ayak sesleri ve derin nefes alıp verişi çalışanların iyi geceler dileklerine karışır. Birkaçı da ona 'iyi akşamlar efendim' der.

Watson: Bornozunuzu giymenize yardımcı olayım, efendim. Şömineyi de yaktım. Birazdan oda ısınır. Oldukça soğuk bir akşam, değil mi efendim!

Yaşlı Çınar: Dondurucu Watson. Soğuk iliklerime işledi! Hareketsizlikten olacak. Yol da çok uzun... Bu ev kuzey cepheli. Hiç güneş görmüyor. *Ayak sesleri Watson'un odadan çıkmak üzere olduğunu belirtir. Yaşlı çınar sesini yükseltir.* Ah, Watson, Agnes'e söyle bana bir fincan sıcak çay ve kremalı bisküvi getirsin. *Ses tonunu alçaltır.* Bayan Gladstone burada olmadığına göre, bu akşam kremalı bisküviler yasak değil... Hayat kadınları kurtarma uğraşılarım da dahil, asi yöntemlerime itiraz edilmeyecek sanırım. *Sesini tekrar yükseltir.* Watson, bir de dua etmeyi ihmal etme, dostum. Çok çalışmak ve dua etmek temel ilkelerimizdir, biliyorsun!

Watson: Peki, efendim. *Kapı gıcırdayarak açılıp kapanır.*

Yaşlı Çınar: *Asabileşir.* Keşke bu kapıyı tamir etseler. Başbakanın rezidansı olduğunu kanıtlamak mümkün değil. Sıvaları da çoktan düştü. Esaslı bir tamire çok ihtiyacı var. *Kapı tekrar gıcırdayarak açılır. Agnes elinde bir fincan çayla odaya girer.*

Yaşlı Çınar: Ah... Agnes, çok naziksin. Şimdilik masanın üzerine bırak.

Agnes: Peki, efendim!

Yaşlı Çınar: Bu kıpırdama ne Agnes? Sonuçta ben de herkes gibi sıradan bir insanım.

Agnes: Aa.. Affedersiniz efendim! Siz istisnai birisiniz. Dört kez başbakan, efendim ve birçok kez Maliye Bakanı. Bunu her insan yapamaz ki efendim!

Yaşlı Çınar: Ah, biliyorum ama yine de bir insanım ve bildiğin gibi benim de ihtiyaçlarım var.

Agnes: Ah evet efendim... *Kıkırdar.* Bilmez miyim efendim. Başka bir arzunuz var mıydı efendim?

Yaşlı Çınar: Çıkabilirsin Agnes.

Agnes: Teşekkür ederim efendim.

Yaşlı Çınar: Ah... Agnes...

Agnes: Buyurun efendim?

Yaşlı Çınar: Watson'a söyle bana bir fayton çağırsın. Birazdan yola çıkacağım.

Agnes: Baş üstüne efendim. *Kıkırdar*

Bölüm 1
Sahne 3

1892'de bir Londra sokağının sesleri. Arnavut kaldırımlı taşlar üzerinde atların nal sesleri; Soho'nun Berwick Sokağı'nda pazar tezgâhlarını toplayan tüccarlar, talipleriyle pazarlık eden hayat kadınlarının tiz kahkahaları, alaycı seslere karışır. Gladstone arabadan iner. Arabacıya teşekkür eder. "Paranın üstü kalsın" der.

1. Hayat Kadını: Soho'nun Berwick Sokağı Açık Pazarına hoş geldiniz efendim. Her şeyi bulabileceğiniz bir yer... Mesai saatleri dışında dahi, efendim!

Yaşlı Çınar: Oh... Merhaba... Bu gece nasılsınız?

1. Hayat Kadını: Fena değil, efendim. Sizin için ne yapabilirim?

Yaşlı Çınar: Pek bir şey yapamazsınız maalesef.

1.Hayat Kadını: O zaman siz gidin efendim. Yapacak çok işim var. Burada ekmek paramı kazanmaya çalışıyorum.

Yaşlı Çınar: Elbette, peki... bu gece ne kadar kazanabilirsin? Bir fikrin var mı?

1. Hayat Kadını: Hava soğuk, efendim. Soğukta pek iyi çalış-

maz, biliyorsun... Şanslıysam belki bir şilin!
Yaşlı Çınar: Peki karşılığında ne yapman gerekiyor?

1. Hayat Kadını: Oh sorma! Ne isterse diyelim. Parayı veren düdüğü çalar mı derler! Öyle bir şey.

Yaşlı Çınar: Gidecek sıcak bir yerin var mı? Varsa eğer bu gece kazanacağın bir şilini veririm. Bir şey arzu ettiğim yok... Sadece sohbet... Senle konuşmak istiyorum...

1. Hayat Kadını: Ah... Seni çapkın ton ton... Oraya varana kadar hepsi böyle söylüyor efendim, sonra da bitmeyen talepler... Tabii ki bir yerim var... Malumunuz... Saray değil ama, ama sıcak bir yer. Çıkmadan önce şömineye de kömür yaktım. Oda ısınmış olmalı. Soğukta müşteriler şey yapmayı sevmiyor, zor yani... Çalışmıyor... Hayli kömür parası vermem gerekiyor. Napiyim...

Yaşlı Çınar: Evet, evet, biliyorum. Peki, o zaman... Sen önde yürü, arkandan takip ederim.

1. Hayat Kadını: Ay sana boş yere çapkın dememişim. Tabii ki efendim... Takip edin... Çok uzak değil efendim. Köşeyi dönünce.

Yaşlı Çınar: Peki, tamam. Gidelim o zaman! Arkandayım...

1. Hayat Kadını: Ay... Seni çapkın seni! Tamam o zaman. Düş peşime.

Mikrofondan uzaklaşan ayak sesleri duyulur. Diğer Hayat Kadınları Yaşlı Çınar'ın dikkatini çekmeye çalışır. Kimileri de paraları olmayan müşterilerle alay ederler.

Bölüm 1
Sahne 4

Fonda anahtar sesleri, giriş kapısının açılması, birkaç kat merdiven tırmanan ayak sesleri, giyecek hışırtıları, önde yol gösteren genç kadının hafiften ayak sesleri ve fısıltıları duyulur.

1. Hayat Kadını: Şşşş... Sessiz olun efendim. Ev sahibini uyandırmayalım. Umursayacağından değil ama gecenin bu saatinde uyandırılmaktan nefret eder.

Fonda kilitte bir anahtar sesi, sonra bir kapının gıcırdayarak açılması ve yavaşça kapanması, bilinen palto çıkarma sesleri, kumaş hışırtıları duyulur.

Yaşlı Çınar: Burası sıcacık. Böyle gecelerde, saatlerce sokakta durmak müthiş bir işkence olmalı.

1. Hayat Kadını: Napalım... Müşterilere neyimiz var neyimiz eksik göstermeliyiz, di mi efendim?

Yaşlı Çınar: Bilmem ki. Sen anlat... Rutin neyse onu anlat... İstersen evden çıktığın andan başla. Her şeyi anlat.

1. Hayat Kadını: Ah... Anladım... Sen şeyden hoşlanıyorsun... Peki, işte öyle... Yani odayı düzenledikten sonra evden çıkıyorum. Genelde bugün beni bulduğunuz köşedeyim. Kontrol eden yoksa bir saat boyunca orada boy gösterir, müşterilerle pazarlık ederim. Her farklı köşelerde üçlü çalışırız. Birbirimizi kollamamız gerekir. Bazen müşteriler tehlikeli olabiliyor, biliyorsun.

Yaşlı Çınar: Hım... Nasıl yani?

1. Hayat Kadını: Ah... her türlü, biliyorsun... Aman şimdi neden utandığımı anlayamadım... Şey, biliyorsun yani...
Fonda dramatik bir his uyandıran döplek sesi, sonra sakinleştirici bir melodi sahnenin sona erdiğini bildirir.

Bölüm 1
Sahne 5

Merdiven tırmanan ayak sesleri duyulur. Yaşlı adamın yorulduğunu bildiren derin nefes alıp vermeler. Watson amirini selamlar ve paltosunu çıkarmasına yardım eder.

Watson: Paltonuzu alayım efendim. *Hışırdayan kumaş sesleri duyulur.* Üşümüşsünüzdür... Bir duble viski döktüm. Koltuğunuzun yanı başındaki sehpada efendim.
Göz kaş işaretleri yaparken... Rahatlatır elbet. Başka bir arzunuz var mıydı efendim? İyi geceler, efendim.

Yaşlı Çınar: İyi geceler, Watson. Keşke seni bana efendim demekten vazgeçirebilseydim.
Yaşlı bir adamın soyunma ve pijama giyme hışırtıları. Sonra dua etmek için diz çökerken çıkardığı sesler.

Yaşlı Çınar: Tanrım, günahlarımı affet. Yine başaramadım, asi arzularımın kurbanıyım... Beden zayıftır, Tanrım... Ne yaparsam yapayım, bu azgın arzularımı kontrol edemiyorum... Kurtarmaya çalıştığımız bu kadınlardan bazıları çok güzel. Adamı baştan çıkarmakta ehlidirler. Yüce tanrım şahidimsiniz... Elhamdülillah bir şey olmuyor, hiçbir şey de olmayacak, ama dürtü orada, o ateş, o karışık duygular... fiziksel tepki... hep orda... Hepsi var...

Yüce Tanrım, ruhum rahatsız, kendimi affetmekte zorlanıyor, azap çekiyorum.
Siyasette hüküm verebiliyorum, tartışıyorum, ikna ediyorum yeni fikirler üretip muhataplarımı etkileyebiliyorum. Bunların tümü bana kolay geliyor. Çalışmak hayatımdır. Ama... bu dürtüyü, bu çığ gibi büyüyen ihtiyacı kontrol edemiyorum. Önünde diz çökmüş, af diliyorum. Tanrım, bu zaafımın üstesinden gelmem için bana güç ver, yoksa elimde olmadan yaptığım yanlışlar beni mahvedecek. Yalvarırım, yardım et. Amen.
Fonda hüzünlü bir melodi oyunun sona erdiğini bildirir.

SON

7
Ömer[4]

Bu oyunda, uzun zaman Londra'da yaşayan, altmışlı yaşlarında bir Filistinlinin gerçeklere uyanışı anlatılıyor.

Sahne ışıklandığında Ömer sahnenin ortasında ayaktadır. İşe gitmeye hazırlanırken televizyonda Gazze saldırısı haberine takılır. Elindeki çocuk terliğine derin bir hüzünle bakarken hatıralarına dalar. Omuzunda Filistinlilerin kullandığı gri çizgili, geleneksel kefiyelerinden var. Konuşmasının farklı aşamalarında Avrupa giysilerini sırtından çıkarmaya başlar. En son safhada Arap kaftanı ve omuzunda başına sardığı çizgili baş örtüsüyle kalır. Bu aşamada batıya meydan okurcasına, kişisel isyanına devam eder.

Ömer: *Elindeki çocuk terliğine bir müddet baktıktan sonra önünde yığılmış sembolik enkaza bırakır ve seyirciye bilgi vermeye başlar*

Bombalama bittiğinde bir tek ben yaşıyordum.
Bacaklarım enkaz altında
yüzüm toz topraktı

---

[4] 2017'de beş dakikalık tiyatro festivalinde İngilizce yazıp oynadığım, tek kişilik oyunun Türkçe çevirisi.

Kızıl Haç çekip çıkarmıştı beni.

Adım Ömer.

Filistin'de doğdum, Mısır'da rahiplerin yanında büyüdüm.
Beni beslediler; eğittiler, o doğru.
Ama dahası var... Var, maalesef...
Kurtulmak için Londra'ya kaçtım.
Sayılar daha az konuşturur,
muhasip oldum ben de.

Ömer'im ben, hep Ömer.

Hayatta iki kez taciz edildim.
İlki, tüm ailemin, kendi evimizde yok edilmeleriydi.
Ülkemiz Filistin'de yeni bir devlet kurmak
faşistlerin suçlu ruhunu rahatlatmak uğruna
harcanan insanlardan bir küme.

Dier Yasin'di köyümüzün adı
O gün üçte birimiz katledildi.

"Yaralı esir almıyoruz."

Bu emirle, nefret kusan silahlar
kanayan dedeleri, inleyen nineleri
anne ve çocukları, yok ettiler.

Givat Shaul sakinleriyle
mal mülk kavgası
olurdu tabii.

Ama katliam,
ne karakterlerinde

ne de Tevrat'ta vardı.

Onlar karşı koymasa
okul binasına tıktıklarını da
çoktan yitirirlerdi.

15 Nisan, "Nakba", ah o talihsiz göç
Dier Yasin katliamının akıbetiydi.
İnsanımın nefsine, ırzına, canına saldıran
yarımızı katledip civardaki taş ocağına taşıyanlar
kanlı ellerini yıkadıktan sonra
"La khayım'ı"[5] kutladılar.

"Seni İskenderiye'deki yetimler yuvasından aldık."

Filistinli olduğumu,
insanlığını yitirmemiş rahiplerden biri söyledi.
Londra'ya kaçmama yardımcı olan rahip.

Adım Ömer.

Yalnızım.

Henüz birkaç ay öncesine kadar
duvarımda kraliyet ailesinin resimleri vardı.
Fuzuli ve müsrif hayat tarzlarını göz ardı ettiğim
düne kadar önemini savunduğum
parazit ailenin resmi.

Geç da olsa, uyandım.

Ceketini çıkarıp yere bırakır. Beline toplanmış kaftanını çözer.
Çözülmüş kaftan pantolonunu örter.

---
5 Hayatı kutladılar.

Ömer'im ben. Filistin'li Ömer!
Şu an televizyonda
Gazze'ye tekrarlanan saldırıyı izliyorum.
Filistin yok artık
sürekli saldırıya maruz kalan Filistinlilerin
barındıkları gettolar var.

Kaftan altındaki gömlek yakasına taktığı kravatı çözüp başına bağlar.

Yirmi birinci yüzyılda varoluş mücadelesi veren
toplumlardan biridir Filistinliler.
Batı suskunlukla anlaşmış.
Amerika, Gazzelilere "füze atmayın" diyor.
Hem de damlarına Israil misillerinin düştüğü anda
Bu tezat yadırganır gibi değil.
Hatta tacizin tekrarı diyebilirim.

Ve

Biri diğeri üzerine yaslanmış beton dilimleri arasından
Ölüler çıkıyor.

150
    350
        570
           700
              Bin.
                Artık dinlemiyorum.

Sayı birkaç yüz daha artınca
görev tamamlandı diyor, Siyonistler
ve batıya yeni bir pazar açılıyor:

Danışmanlar.
 Mühendisler.
  Yapı malzemeleri.
   Evsiz ve kimsesiz kalanlar için yapay yiyecekler
   parası yeten harp fırsatçılarına araba.
   Bölgesel savaşlar için silah!
Böylece
Filistinlilerin kısmet çarkı dönüyor.
Ümitsiz feleğin çarkı.

Son cümleyi söylerken omuzundaki başlığı çekip öfkeyle bacağına vurur.

Ben Ömer'im
gezegeni yok etmeye kararlı
çıkar peşinde koşan onursuz kitleye
Filistinli olduğumu kanıtlamak için
Millî giysilerime büründüm.
Başlığını omuzuna takar

Bu da bir tür direniş!

Uyandınız Filistinli kardeşlerim ve mücadele ediyorsunuz.
Kaybedecek bir şeyiniz yok
bir şey bırakmadıkları için.

SOVRONİA BAKIM EVİNDE

(19 dakikalık film senaryosu)

Karakterler:

Sovronia: Panteli'nin annesi. Dul kadın. 80 li yaslarinda yaşlarında. Han odası sahnesinde 28 – 32 yaşlarındadır.

Panteli: Sovronia ve Fehim'in oğlu. 50 – 55 yaşında. Sahne 1 ve 2 de 16 -17 yaşlarındadır.

Andreas: Sovronia'nın büyük oğlu. 65 yaşlarında.

Sotiris: Sovronia'nın ortanca oğlu. 60'lı yaşlarda.

Maria Teyze: Sovronia'nın kız kardeşi 75 yaşında.

Polikseni: Yaşlılar mekânında bir personel – 28- 35 yaşları arasında genç bir kadın.

Stavri: Sovronia'nın patronu ve belki sevgilisi. 45-50 yaşlarında.

Stelios: Panteli'ye saldıran çocuklardan biri. 16-17 yaşlarda

Giorgos: Panteli'ye saldıran çocuklardan ikincisi. 15-16 yaşlarda.

Yakumi: Panteli'ye yapılan saldırıya müdahale eden yaşlı adam. 55-60 yaşlarda.

Fehim: Helva dükkânı sahibi. Panteli'nin babası. Sovronia'nın sevgilisi. 80'li yaşlarda. Han odası sahnesinde 26-28 yaşında.

Kemancı / Şarkıcı: Adanalı sahnesinde türküyü seslendiren adam veya kadın.

Koro: 4 kız 4 erkek. dans sahnelerinde dans eden gençler.

GENEL HİKÂYE

Sovronia üç çocuklu güzel bir Rum kadındır. Eşi öldükten sonra Fehim'le bir aşk yaşar. Küçük oğlu Panteli Fehim'dendir. Kıbrıs'ın bir dağ köyünde zor bir yaşam sürerler. Panteli, sosyal baskıdan kurtulmak için Londra'ya göç eder. Annesine yardımcıdır. Sovronia artık rahata kavuşmuştur. Köyde kutlamalara katılır. Dans eder. Onu rahatsız edenlere gereken cevabı verebilir.

Pantelis annesini her yıl, iki haftalık tatilinde ziyaret eder. Geldiğinde Sovronia onu coşkuyla karsılar. Sofra düzenler. Ama bu kez Panteli'nin sevdiği yiyecekleri Maria teyzeye yaptırır. Panteli, 80'li yaşlarındaki annesinin artık kendine bakamaz olduğunu fark eder. Mutfak eskisi gibi temiz değildir. Maria Teyze yardımcı olmaya çalıştığı halde ev dağınıktır. Yaşlı annesine konuyu açar. "Benimle gel" der ama Sovronia teklifini reddeder. Onu İkna edemeyince Limasol'da bir bakımevine götürmeyi teklif eder. Aralarındaki çatışma Sovronia'nın konuya sessiz kalmasıyla sonuçlanır.

Limasol kasabasında, bakımevinde, Sovronia mutsuzdur. Kendisine ayda bir kez dahi banyo yaptırılmaz, dışardan gelen hediye ve yiyeceklerine ise el konulur. İhtiyacı olmadığı halde çalışanların işine öyle geldiği için gece gündüz beze sarılır ve saatlerce bu şekilde ıslak kaldığı olur. Polixeni, Sovroniya'nın bakıcısıdır. Ziyaretçilerine yaranmayı bir şekilde başardığı için bu durum böyle devam eder. Maria Teyze tek ziyaretçisidir. Sovronianin mutsuz olduğunu bilir fakat ziyaret ettiği günlerde ona iyi bakıldığını gözlemler. Müdahale edemediği için üzgündür. Maria Teyzenin bir ziyaretinde, bakıcı Pollikseni Sovronia'yi banyoya götürür. Sovronia, bunu bir şov olarak gördüğü için kınar. Koridorda Polyxeni onu tehdit eder, çimdik atar. Ses çıkarmaması için de ikaz eder. Yaşlı kadın yine susar. Yalnız kalan Maria teyze sessizce otururken odaya düşen kendi sesi Sovronianin geçmişini anlatır. Sovronia ile bakıcı tekrar sahneye girer. Polyxeni işini yaparken onlarla sohbet etmeye çalışır. Maria teyzeye öğle yemeği olarak çay bisküvi teklif eder. Maria Teyze çelişkidedir. Acaba Sovronia durumu abartıyor mu yoksa Pollikseni rol mü yapıyor. Pek emin olamaz.

Maria Teyze odadan çıktıktan sonra Polyxeni yatağı düzeltirken Maria'nın getirdiği sepeti fark eder. Alıp odadan çıkar. Sofronia ardından ona söver sonra da düşünceye dalar. Sonra Fehim'le birlikteliğini anlatmaya başlar.

Siyah beyaz çekilmiş bir sahnede genç Sovronia Fehim'le bir han odasında seviştikten sonra giyinirken Fehim ona evlilik teklif eder. Sofronia reddeder. Birliktelikten doğacak zorlukları sayar.

"Ah Pantelim sana bir türlü bunu söyleyemedim" derken sesi kesilir. Kalp krizi geçirdiği belli olur.

Kamera tekrar bakım evine döndüğü zaman. Polykseni, Sofronia'nın başında, onun elini tutuyordur. Odaya kendi sesi düşer. Çalışma şartlarının zorluğundan, patronun acımasız davranışlarından, kazancının yetersizliğinden bahseder. Pişmanlık dolu bu iç muhakemede Sovronianin şikâyetlerini doğrular. Sovronia ölüdür.

Panteli, Sovronia'nın köy evinde anma töreni düzenler. Maria Teyzeyle, Sovronia'nın pek de gizli tutamadığı aşkını ve bakım evindeki mutsuzluğunu konuşurken Fehim sahneye girer. O konuşmaya katılır. Panteli onu önce görmezlikten gelir sonra saldırıya geçer. Maria teyze Panteli'ye ayar verir. Fehim aldırmaz. Sonunda baba oğul birbirlerine sarılırlar. Andrea ve Sotiris, Panteli'nin kardeşleri, Fehim'in orda olduğunu fark edince toplantıyı terk ederler.

Panteli ve Fehim, Sovronia'nın kulübesinin bahçesinde içki maşasındadırlar.

Yaşlandırılmış Fehim kendi hikâyesini anlatır.

Panteli Londra'da müdavimi olduğu pub'da yalnızdır. Önündeki bira bardağı dokunmamıştır. Sonra karşısında oturan Sovronia'nın ruhunu görür. Odaya kendi sesi düşer. Babasının öldüğünü öğreniriz. "Mutluluk bana hep küçücük dilimlerle sunulur" der. Keyifsizdir. Ayağa kalkar. Çıkarken, müzik eşliğinde babasından ögrendiği *Kara Tren* türküsünü mırıldanır.

1- DIŞ - AKŞAM KIBRIS AĞRİDİA KÖYÜNDE ANAYOL

Fonda dramatik bir müzik.

İki ergen çocuk köy meydanında Panteli'nin üstüne çullanır. Duruma şahit olan Yakumi müdahale eder.

STELİOS

Turkosporos (Türk tohumu)

GİORGOS

Bastardos (Piç)

YAKUMİ

Bırakın çocuğu. Onun bu işte suçu yok!

Gençler aldırmadan sille tokat devam ederler. Panteli yere yıkılır. Yaşlı adam onları bastonu ile tehdit eder. Panteli'ye birkaç yumruk daha attıktan sonra kaçarlar. Yakumi Panteli'yi ayağa kaldırır.

2 - DIŞ – GÜN KIBRIS SOVRONİA'NIN KULUBESİNDE DIŞ KAPI

Genç Panteli ve Sofronia kapıda vedalaşırlar. Sovronia üzgündür.

Fonda Kara Tren müziği

SOVRONİA (üzgündür)

Bir gün yuvayı terkedecektin.

Ama bu yaşta gideceğini hiç düşünmedim.

Hem de taa Londraya!

Pantelinin cebine on Kıbrıs Lirası tıkar.

Al şunu. Zor günlerimiz için biriktirdim.

Bundan daha zor günümüz olamaz herhalde.

PANTELİ (Heyecanlıdır)

Valizlerini yere brakıp annesine son kez sarılır.

Hoşça kal Anam. Merak etme. Bana bir şey olmaz. Yazışacağız.

Seni ev hanımı yapacagım. Hele az bekle.

SOVRONİA

Sen iyi ol. O yeter Panteli mou.

PANTELİ

Heyecanlı ve endişelidir.

Sağlıcakla kal Annem. Seni seviyorum!

3 - DIŞ - GÜN KIBRIS SOVRONIA'NIN GENİŞLETİLMİŞ EVİ - BAHÇE

Aradan zaman geçtiğini belirtmek icin Sovronia'nın bahçede dolandığını görürüz. Şık giyinmiştir. Bahçede kar var. Eve girer. Tekrar bahçeye çıktığında nergisler açmıştır. Sonra da sardunya çicekleri baharın geldiğini müjdeler.

Paskalyadır.

Sovronia bahcede odunla ısınan fırından peynir ve yumurtalı patatesle, baharatlı paskalya simgesi pilavunalar çıkarır. Mekâna Kendi Sesi düşer.

SOVRONİA

Gidip baba'ma da götüreyim.

Sıcak sever.

4 - DIŞ - AKŞAM KIBRIS SOVRONİA'NIN EVİ - YATAK ODASI

Sovronia evde aynanın karşısında saçını tararken görünür. Odada dört direkli bir karyola var. Yatak örtüsü işlemelidir. Namsiye denilen ve direklerin etrafını çevreleyen örtüler aynı örnekle işlenmiştir. Paskalya kutlamaları için diktirdiği elbiseyi giyer. Köy kahvesindeki kutlamaya katılmak için evden çıkar.

5 - DIŞ - AKŞAM KIBRIS SOVRONİA'NIN EVİ - DIŞ KAPI

Fonda *Adanalı* enstrümental olarak çalar. Sovronia'yı kapıyı kilitlerken görürüz.

6 - DIŞ – AKŞAM KIBRIS AĞRİDİA KAHVEHANESİ

Paskalya kutlamaları. Kahvehane balonlarla süslenmiştir. Kemancı, ahenkli sirto müziğini çalıyor. Stavri'yle kostaki köylüler tarafından oluşturulan halka içerisinde, birbirlerine mendil tutarak dans edip belli savhalarda 'ela bulli mu' diye bağırıyorlar. Hemen sonra, kemancı, "Adanalı" şarkısını çalmaya başlar. Dans eden iki adam halkaya katılır. Solist kadın, şarkıyı söylerken, Sovronia halkayı kırar. Halka yarım ay şeklinde, Sovronia ön safhada, dans ederler. Stavri'yle Kostaki Sovronia'ya yaranmaya çalışırlar.

STAVRİ

Vay, Sovronia khanum, Neden bana böyle soğuk davranıyorsun? Yoksa kalbin mi dondu!

SOVRONİA

Stavri! Kalbim buz kesti ama ellerim sıcacık...

STAVRİ

Benim için mi?

SOVRONİA

Evet Sevgili Stavri... Ama ben her birlikte olduğum kişiye aynı şeyleri fısıldarım.

Dans ederken mekâna kendi sesi düşer.

Meraklı köylülerim bunu onaylamaya çoktan razılar!

KOSTAKİ

Benim için de mi?

SOVRONİA (Gülerek)

Elbette. Olmaz mı... Ama başarabilirsen tabii ki!

KOSTAKİ (Sırıtarak)

Onu kanıtlamak için denemek lazım, değil mi Sovronia khanum?

Sovronia, Yüz hareketleriyle senden tiksiniyorum mesajını verir. Müzik değişir. Köylüler Rumca 'Adanalı' müziğine dans ederken mekana Sovronia'nın sesi düşer.

SOVRONIA (Gururla)

İnsanların ne dediği umurumda değil! Sözünün eri oğlum sözünde durdu. Rahatım.

Birkaç saniye sessiz kalır.

Özelim, gizlim yok mu? Var tabii. Ama o kimseyi ilgilendirmez.

Dansa katılır. Stavri, ceket omuzunda Adanalı konumunda, onu takip eder.

7- DIŞ - GÜN KIBRIS SOVRONIA'NIN KULUBESİ SUNDURMA

Sovronia Sundurmada oturmuş, oturduğu yerden görünen mutfakta yemek börek islerini tamamlamak üzere olan Maria ile sohbet ediyor. İki kız kardeş coşkuludur. Konuşurken Maria tavanda örümcek ağlarını görür. Dikkatli bakınca da duvar köşelerinde de olduğunu fark eder. Zavallı dercesine başını sallar. Ablasına yardım edemediği için üzgündür. Sundurmaya çıkar. Elinde iki fincan Kıbrıs kahvesi var. sundurmanın da çok temiz olmadığını fark eder.

MARIA (yorgundur)

Gave yaptım. İçelim de gidecem be Sovronia mou.

Biraz daha temizlik yapsam eyi olurdu ama gitmem.

Lazim. O adam evde yalınızdır. Elinden de bir şey gelmez.

Ben vermezsam gendi aç galır ama elini uzatıp bir lokma yemek ağzına goymaz.

SOVRONİA (alay edercesine)

Eh... Alıştırdın, çekecen!

MARIA (başını sallar)

Ya... alıştırdım. Sen öyle bil. Yapmasam evi başıma yıkar vallahi!

SOVRONIA (muzipce)

Şaka ederim goritsi mou. Bilmezmiyim. Onun için ben yıllarca gocasız yaşamayı tercih ettim. Teşekkür ederim. Bana yardım ettin.

MARİA (muzipce)

Evet yardım ettim. Yani ben yaptım sen seyir ettin.

SOVRONIA (gülerek)

Hayır duvalarım seninle olsun goritsi mou.

Panteli yarın gelince Maria Deyzen yaptı deycem.

Çok mutlu olacak.

MARİA (ayağa kalkar)

Hade abla. Gideyim ben. Şimdiden gözün aydın.

SOVRONIA (müteşekkir)

Sağolasın gızım. Yarın siz da gelin. Görüşürsünüz.

MARİA (Söylenerek çıkar)

Gelmezmiyim ablam. Hade sağlıcakla kal. Gideyim bakalım benim herif napar, ne eder?

8 - İÇ - GÜN KIBRIS UÇAK ALANI

Fonda hareketli müzik.

Panteli uçaktan iner. Taksiye biner. Şöföre köyün ismini verir. Kıvrımlı dağ yolunda ilerlerken görüntüleri heyecanla izler. Kıbrıs'ı özlediği bellidir. Müzik değişir. Zamfir'in Hanging Rock müziği yol boyu çalar.

PANTELİ

Ağridia se Parakalo.

ŞOFÖR

Malista

Şoför temiz, siyah taksisinin arka kapısını açar.

PANTELİ

Boş ver. Önde oturacağım. Manzarayı özledim.

ŞOFÖR

Evet. Kıbrıs yeşile büründü. Ağridia da Güzel köy. Oraları iyi bilirim.

9 - İÇ - GÜN KIBRIS Ağridia Koyü

Köyün girişinde Ağridia levhası görünür. Panteli annesinin evinin önünde taksiyi durdurur. Yaşlı Sovronia dış kapıda oturmuş oğlunu bekliyor. Bahçede çiçekler rengârenktir. Yaseminler her yere tırmanmış, bakımsız oldukları belli. Panteli arabadan iner. Derin bir nefes alır. ağaçlarının bahçe duvarlarından sarkan çiçekli dallarını hayranlıkla seyreder. Yaklaşıp birkaç küçük dal koparıp uçlarındaki çiçekleri koklar.

Yol boyu fonda çalan Zamfir'in 'Hanging rock' müziği finale ulaşır.

SOVRONİA

Panteli mou, kalosorises.

Alt yazı - 'Pantelim, Yavrum, Hoş geldin'

PANTELİ

> Gala se ivra mana

(Alt yazı - Hoş buldum annem)

Ana oğul coşkuyla kucaklaşırlar. Sovronia Panteliyi tekrar tekrar gözlerinden öper. Panteli bahçenin bakımsız olduğunu fark eder.

10- DIŞ - GÜN KIBRIS SOVRONİA BAHÇE

Fonda Kara Tren müziği.

Bahçede meyve ve çiçek yüklü bergamot ağacının gölgesine kurulmuş yemek masası var. Sovronia bahçede kanepede oturur. Panteli yorgun ve sabrı taşmış görünür. Ayaktadır. Elinde bir bardak portakal suyu var. Sovronia'nın dizleri battaniyeyle örtülüdür. Sovronia'yı bakım evine taşımayı tartışıyorlar.

SOVRONİA Öfkeyle

> Ego di na gano sti Lemosson wre yemu.
>
> Na me baris sti Lemessathes?

('Ben Limasol'da ne yaparım ki beni oraya taşıyacaksın!' sözleri ekranda alt yazı olarak yansıtılır.)

> Ömrüm bu dağ kövünde geşti.
>
> Limasol'da bir apartımanın ikinci gatında
>
> ben naparım?

Susar.

PANTELİ

İnanmıyorum dercesine başını sallar.

SOVRONİA

Köyümde rahattım ben. İnsanımı tanırım, bilirim.
Sohbet etmeye gelen gomşularım, akrabalarım var.
Yoldan geçenler selam verir, hal hatır sorallar.
Havası da temiz. Köyümüz yaşam doludur.
Yine susar.

PANTELİ

Anam, inatlaşacak zamanımız yok! Birkaç gün sonra
benim Londra'ya dönmem lazim. İş, güç. Biliyorsun.
Hem sen zaten buralarda pek mutlu değilsin.
Bunu ikimiz de biliyoruz.

SOVRONİA

Eh... Tamam, çocuklara zaman zaman öfkelenirim
ama genelde eyi geçinirik. Kibirli şeherlilerin saygısız,
şımarık hallerine ben nasıl dayanacam? Burada
galayım en eyisi.
Burası benim için daha eyidir.
Eminim.

PANTELİ

Annem, haklısın. Bağımsız yaşam senin hakkındır.
Ama kendi ihtiyaçlarını görmekte zorluk çekiyorsun.
Bu halinle seni burada bırakıp gidemem.
Bir şey yapmam lazım.
Bir an sessiz kalır.
En azından emniyetli bir yerde bakım göreceksin.

SOVRONİA

Hayır dercesine başını kaldırır...

PANTELİ

O zaman benimle gel.

SOVRONİA

Oxi!

PANTELİ

Peki, napalım?

SOVRONIA

Nasıl İstersen öyle yap dercesine omuz silker.

11 - DIŞ - GÜN LİMASOL SOVRONİA BAKIM EVİNİN ÖNÜ

Limasol. 'Mutluluk Bakım Evi' lehası görünür.

12 - İÇ - GÜN LİMASOL SOVRONİA BAKIM EVİ ODASI

Sovronia odasında tekerlekli sandalyede dizleri battaniyeyle örtülü, oturuyor. Yatağı daha düzeltilmemiştir. Saçı taranmamıştır. Her haliyle bakımsız olduğu bellidir. Duvarlar çıplak, perdeler lekelidir. Yatağın yanındaki çöp bidonu kullanılmış bezlerle doludur. Pencere yanında küçük yuvarlak bir masa var. üzerinde Andrea, Sotiris ve Panteli'nin fotoğrafları dizilidir. Vazodaki çiçekler çoktan kurumuştur. Sovronia düşünürken odaya düşen kendi sesi bakım evindeki mutsuzluğunu dile getirir.

    SOVRONIA'NIN SESI

    Panteli'nin taşınma teklifine çok kırılmıştım.

    Şu, sözde bakım evinden ne kadar nefret

    ettiğimi ona hiç söylemedim.

    Hayatımda, ilk kez, bu naylon şehirlilere,

    yenik düştüm. Seksen dokuz yıllık hayat tecrübemi

    hiçe sayarlar.

Biran sessiz kalır. Sonra yine öfkeyle devam eder.

    Gerekmediği halde, golay olsun diye

    İlla da bizi şu bezlerde sarılı dutarlar.

    Kibirli, işe yaramaz küstah insanlar.

    Putanes!

Yine susar ve hemen ardından,

    Acaba, Panteli beni buraya cezalandırmak için mi dıktı!

Sovronia mahzun düşünürken Maria Teyze odaya girer. Birden

Odadaki kirli havayı farkeder. Yüzünü, burnunu kırıştırır. Sovronia'nın yatağının daha düzeltilmemiş olduğunu fark eder. Yorgun olduğu halde, neşeli görünmeye çalışır.

MARİA TEYZE

Sovronia mou. Bak ben geldim. Nasılsın?

Köyde hepimiz seni merak ediyoruz!

SOVRONİA

Peh… Köydeyken beni pek merak ettiğiniz yoktu.

Şimdi ne oldu hepinize?

MARİA TEYZE

Aaa. Etmez miyiz? Bak sana neler getirdim.

Pilavunalar, tatlılar. Dün bayramdı biliyorsun.

Kadayıf yapmıştım. Sucuk da getirecektim

ama unuttum maalesef.

SOVRONİA

Ha, unuttun demek… Eh teşekkür ederim.

Yatağımın altındaki sepete koy.

Görmesinler yoksa alıp götürürler.

MARİA TEYZE

Aaa… Kim alıp götürür Sovroniya mou?

SOVRONİA

Yüz işareti yapar.

O saygısız çılgınlar. Ei Putanes.

MARIA TEYZE

Ttt-tövbe tövbe!

İki diş arasında, sitem anlamında bir ses çıkarır. Sonra da konuyu değiştirir.

Eee nasılsın, Eyi misin?

SOVRONİA

Eh... kala ime...

Alay edercesine.

Burda bir kraliçe muamelesi görüyorum...

Bakıcı Pollyxeni odaya girer...

POLİKSENİ

Kiriya Sovronia. Banyo vaktin geldi. En sevdiğin şey. Hazır mısın?

SOVRONİA

Olmaz mıyım! Ayda bir de olsa iyi gelir!

POlİKSENİ

Aaaa, öyle demeyin kiriya Sovronia.

Gün aşırı banyo yapıyorsunuz.

Ne güzel, tertemiz! Hadi bakalım. Gidelim mi?

Maria'ya döner.

Banyo yapmayı çok seviyor Sovronia'mız!

Sovronia'nın oturduğu tekerlekli sandalyeyi sürüp odadan çıkarlar.

13- İÇ - GÜN LİMASOL SOVRONİA BAKIMEVİ KORİDOR

Polikseni'yle Sovronia sessizce tartışırlar. Sofronia'ya Çimdik atar. Onu susturmaya çalışır.

POLİKSENİ

Bana bak... şımarmaya gerek yok.

Gün boyu size hizmet ediyorum.

Bir türlü memnun olmuyorsunuz.

SOVRONİA

Ya demek öyle. Bütün gün bezde sarılı hizmet alıyoruz.

Ne itinalı bakım!

POLİKSENİ

Yine şımarıyoruz. Pes artık... Kes şu sesini ya... Cimdik atar.

SOVRONİA

Yapma be goritsi mou. İhtiyar etlerim ağrır. Zaten bir deri bir kemik galdım.

14 - İÇ - GÜN LİMASOL SOVRONIA BAKIMEVİ ODA

Maria Teyze odada yalnız kalınca düşünceye dalar. Odaya düşen kendi sesinden Sovronia'nın geçmişini öğreniriz.

MARİA TEYZE

Kız gardaşım tuttuğunu koparan, güçlü bir gadındı.

Eşi da eyi bir adamıdı. garannık bir akşamüstü, işinden eve dönerkan feci bir gazaya gurban gitti.

Sovronia da benim gibi görücü usulüyla evlendi.

Yani, Broxenya!

Öyleydi o günlerde. Şimdiki gibi değil.

Tanıştık... Beraber olduk... Bitti. O kadar. Peh.

Biran sessiz kalır

Ah Sofoklis. Ne çalışkan bir gençtin. Aileni sever, hep ihtiyaçlarını karşılardın.

Zavallı gardeşimi iki yavruyla bırakıp göçtün.

Gaimenimu! Kader işte, naparsın.

Başını sallar.

Oda sessiz kalır. Sovronia ile Pollyxeni tekrar odaya girerler.

POLİKSENİ

Aklandı paklandı Sovronia'mız, Maria khanum.

Biraz dinlen Kiriya Sovronia. Az sonra yemeğini getireceğim. Siz de yemeğe kalıyor musunuz, thia mou?

MARİA TEYZE

Oxi, efkaristo bara boli. Aç değilim.

'Hayır. teşekkür ederim Aç değilim' alt yazı olarak yansıtılır.

POLİKSENİ

Çay, bisküvi getireyim o zaman. Ablana eşlik etmiş olursun.

MARİA TEYZE

Teşekkür ederim. Sağolasın. Birazdan gitmem lazım. Köy otobüsünü gaçırırsam beni Bazarertesi sabahına gadar misafir etmek zorunda galırsınız.

POLİKSENİ

Aaa lafı mı olur? Şuraya bir yatak kurarız olur biter.

MARİA TEYZE

Sağ ol, koritsi mou. Gideyim ben. İhtiyarım evde yemek bekler.

Elini sallar.

Gadın olmak başka bir şey. Biliyorsun.

POLİKSENİ

Bilmez miyim!

Polikseni odadan çıkar. Sovronia bu nezaketli iletişime öfkelenmiş gibi kafasını sallar.

SOVRONİA

Siz az mal değilsiniz. Bu kadar da yalan olur mu, ziyaretçilerimin önünde dal gibi eğilip diriliyorlar.

Gıcımışlar!

Kendi aralarında konuşurlar. Aralarındaki diyalog pek anlaşılmaz. Sonra Sofronia'nın başı düşer – uyukladığı belli olur.

MARİA TEYZE

Eh… Hade Gideyim ben artık. Yolum uzun.

Yaşlandım da be Sovronia mou. İşler bana zor gelir artık.

SOVRONİA

Eyisin, eyisin. Sen daha genç gız sayılın.

MARIA TEYZE

Eh genç gız… O günler geçti.

Neyse, bir şey ister miydin?

Haftaya geldiğimde getiririm.

SOVRONIA

Başını sallar.

Oxi efkaristo bara bolli,

'Sağolasın. Teşekkür ederim.' Ekranda yansıtılır.

Güle güle git. Hayır dualarım seninla olsun.

Soranlara selam söyle. Gene geldiğinde görüşürük.

Eylikle gal. Biene me to kalon ge o theos na ine mazissu

'Allaha emanet ol.' Ekranda yansıtılır.

Odada yalnız kalan Sovronia düşünceye dalar. Polikseni elinde bir tepsiyle tekrar odaya girer. Sovronia'ya verdiği öğle yemeği hem az hem de kuru ve soğuktur. Sovronia'nın yatağını düzeltirken yatağın ayak ucunda sepeti görür. İşini bitirince götürmek için alır.

SOVRONİA (öfkeli)

Yemeği eşelerken Polikseni'nin sepeti aldığını görür.

Napıyorsun?

POLİKSENİ

Odada yiyecek tutulmaz. Sen zaten bunu biliyorsun.

SOVRONİA

Maria şimdi getirdi. Ne olduklarını görmeden alıp gidiyorsun. Insaf yani.

POLİKSENİ

Görsen ne görmesen ne thia mou sen zaten diyettesin.

Odadan çıkar.

SOVRONİA

Bir de onu çıkarttınız. Putanes...

Sovronia elindeki tabağı bir kenara iter. Üzgündür. Tekrar düşünceye dalar. Odaya kendi sesi düşer.

Ah Fehim... Panteli seni hep bilmek istedi. Pazarda buluştuk diyemedim. Nasıl söyleyebilirdim ki?

Biran sessiz kalır.

Hatırlar mısın...

15 - İÇ - GÜN LİMASOL CUMARTESİ PAZARI

Siyah beyaz playback. Pazar yeri cıvıl cıvıldır. Genç Sovronia sehpasının başında müşteri beklerken, karşıdaki helva dükkanından genç Fehim ona seslenir

Kamera çarşıyı gezerken Sovronia'nın sesi mekâna düşer.

SOVRONİA

O yıllarda, kim ne üretirse satmak için belediye pazarına, götürürdü. Meyveler, sebzeler tam tazeydi. Sucuk, köfter gibi köy kokulu yiyeceklerin yanında, param yetmediği için alamadığım mezdeki kokulu tatlılar da vardı. Cumartesi günleri adeta bir festivale dönüşürdü. Kasabaya erken gelenlerdendim.

Duraklar. Kamera Sovronıa'nın anlattıklarını gösterir

Helva dükkânından Beni sürekli süzdüğünün farkındaydım ama o tür bakışlara alışkın olduğum için boş vermeye çalışırdım. Bir süre sonra benimle sohbete başladın. Yani, tek yönlü bir sohbet. Arada da,

'Sen güzel kadınsın' derdin.

Önceden çekilmiş sahneler ekrana yansıtılırken Fehim'in sesi mekâna düşer.

FEHİM (muzipce)

Günaydınlar Kiriya Sovronia.

Size yardım edebilir miyim?

Bir Türk kahvesi içer miydiniz?

Tabii tercihinizse eğer, Rum kahvesi de olabilir!

O kara kütükte pek rahat görünmüyorsunuz. Bir sandalye vereyim. Daha rahat olur.

Acıkmışsınızdır muhakkak. Kıbrıs köftesi ısmarladım. Buyurun paylaşalım.

Bakın sımsıcak ve nefisler. Salata, sıcak pide de var. Oh ne güzel.

İçecek bir şey de vereyim. Susamışsınızdır...Mandalina kokulu gazoz var. Ondan vereyim İsterseniz.

SOVRONİA (Sesi yine mekâna düşer)

Yavaş yavaş, o tatlı dilinin, bayır yeşili gözlerinin ağına düştüm. (Muzipce) Üstelik samimi olduğundan da pek emin değildim.

Duraklar.

Sonuçta birlikte olma teklifine evet dedim.

16 - İÇ - GÜN LİMASOL HAN ODASI

Han odasında Fehim, elinde iki bardak kırmızı şarapla Sovronia'yı bekler. Sovronia heyecanlı fakat emin olmayan adımlarla içeri girer. Fehim yaklaşıp kolunu Sovronia'nın boynuna geçirir. Elindeki şarap bardağını dudağına değdirir. Sarılıp öpüşürler.

SOVRONIA

Korkuyorum.

FEHİM

Bilmez miyim! Merak etme. Bir şey olmaz. Hancı güvenilir bir arkadaşımdır. Sana, seni ne kadar sevdiğimi söylemiş miydim güzel kadın.

Şarap bardağını uzatır. Birlikte birkaç yudum içerler. Fehim koltuğa oturur.

Gel... Kucağıma gel. Aşkım! Seni seviyorum.

SOVRONİA

Ben de... hem de çok... Tekrar sarılırlar.

Zamanın geçtiğini belirten bir müzik. Sovronia acele giyinirken genç Fehim yanına yaklaşır. Elini tutar.

FEHİM

Sana doyamıyorum. Ne olur biraz daha kal.

SOVRONİA

Gitmem lazım. Çocuklar aç. Evde yemek bekliyorlar.

FEHİM

Aşkım... Evlen benimle.

SOVRONİA

Seni seviyorum. Hem de tahmin edemeyeceğin kadar çok seviyorum. Lakin, engeller var. Biliyorsun.

FEHİM

Ben tüm engellere meydan okuyorum. Yeter ki sen evet de.

SOVRONİA

Bilmez miyim canım benim... Aşkım...

FEHİM

Neden olmasın ki Sovronia mou?

SOVRONİA

Yavrularımdan vazgeçemem. Onlara kim bakar?

FEHİM

Gelmesinler dedim mi ben?

SOVRONİA

Ağabimou... Tabii ki demedin. Ama onlar kocaman çocuklar.

Durumu kabul ederler mi? Hiç emin değilim.

FEHİM

Belki hemen kabullenmezler ama zamanla olur muhakkak...

SOVRONİA

Onlar kabul etse bile bizimkiler etmez. Ama diyelim ki onlar da kabullendi. Sen ailene iki çocuklu bir Rum gelin takdim edebilir misin? Çıkmaz yoldayız maalesef.

Bir an sessiz kalır.

Aşkım, sen çok iyi niyetli bir insansın. Keşke herkes senin gibi olsa. Ne çare...Geciktim. Gitmem lazım.

FEHİM

Haftaya geliyorsun değil mi?

SOVRONİA

Evet...

Kucaklaşırlar.

17 - İÇ - GÜN LİMASOL SOVRONİA BAKIM EVİ

Sovronia hâlâ tekerlekli sandalyede oturuyor. Üzgündür. Konuşurken sol eliyle göğüs altını tutar. Yavaşca kalkıp yatağa uzanır. Sesi yine odaya düşer.

SOVRONİA

Sana, sırılsıklam âşıktım. Pişman değildim. Hâlâ da değilim. O yıllarda, hamile kalmam kaçınılmazdı. Tüm ısrarlarına rağmen, seninle evlenmeye, bildiğim, tanıdığım insanlardan, dinimden ayrılmaya, cesaret edemedim. En kötüsü, çocuklarımı kaybedebilirdim. Kıyamadım. Bunu Panteli'ye nasıl anlatırdım? Duymamış olması imkânsızdı. Ama ben açıklamadım. Açıklayamadım.

Göğsünü daha sıkı tutar. Kalp krizi geçirdigi bellidir. Sarsılmaya başlar. Üşüdüğü için örtünmeye çalışır. Beceremez.

Panteli mou... Canım oğlum. Sen, her şeye rağmen...
Sesi kesilir.

18 - İÇ - GÜN LİMASOL SOVRONİA BAKIM EVİ

Polikseni Sovronia'nın elini tutar. Odaya düşen sesi Sovronia'dan Af diler. Patrondan şikâyet eder. Onları cep harçlığı parasına çalıştırdıklarını, çok işleri olduğundan bahseder. Sovronia'ya kötü davrandığı için Ondan özür diler.

POLİKSENİ

Ah thia mou. Bunu da görecektim. Sana iyi bakamadım. Her ne kadar huysuz olsan da ihtiyaçlarını karşılamak görevimdi. Özür dilerim thia mou. Bir bilseniz... Bizi burda harçlık parasına köle gibi çalıştırıyorlar. Yükümüz ağır thia mou. Baş kaldıranı işten atıyorlar. Yapacak o kadar çok şey var ki! Yetiştiremiyoruz.

Oda bir an Sessiz kalır. Sonra odaya yine Polikseni'nin sesi düşer.

Rahat uyu güçlü kadın. Sen daha iyi bakıma laiktin. Oğlun bunlara az para mı veriyor iyi bakılman için!

19 - İÇ - GÜN AĞRİDİA SOVRONİA KÖY EVİ

Sovronia'nın kulübesi. Sahnede Maria Panteli ve tüm kadro var. Sosyal bir sahne. Cenazeden sonra merhumun evinde onu yad etmek için toplandılar. Masada Kıbrıs'a özgü yiyecek ve şarap dahil, içecekler var. Maria Teyze'yle Panteli, ellerinde birer bardak şarap, konuşuyorlar.

PANTELİ

Eee neymis şu gizli hikâye thia mou Maria?

MARİA

İyi bir Türk'tü.' Diğerleri gibi değildi.

PANTELİ

Tamam, anladık, 'İyi bir Türk'tü' ama şimdi nerede?

MARİA TEYZE

Bilmem ki, Panayodi mou. Kim bilir. Tanışmadık. Hatırlarsın, sana söz vermiştim. Elimden geldiğince onu ziyaret ederdim. Bir seferinde konuyu açıp bir şeyler söyledi. O da Fehim'in izini çoktan kaybetmiş.

Bir an susar.

PANTELİ

Eee adının Fehim olduğunu öğrendik. İyi bir Türk'müş. Onu da öğrendik. Başka ne dedi gizemli anam?

MARİA TEYZE

Özel şeyler Panteli mou. Sevgiliymişler filan. Fehim onunla evlenmek istemiş. Onurlu bir Türk'tü. Anneni çok severdi. Ama annen kabul etmedi. Biliyorsun, kardeşlerin vardı. Toplum baskısı filan... Hâlâ var ya...

PANTELİ

Peki beni niye arayıp sormamış.

MARİA TEYZE

Olaylar oldu oğlum. İç çatışmalar; biliyorsun. Sonra adanın İkiye bölünmesi...

PANTELİ

Olaylardan önce niye aramadı.

Bu konuşma esnasında Fehim sahneye girer. Panteli ile Maria'nın yanına yaklaşır. Panteli'nin son lafını duyar ve ona cevap verir. Tüm kadro hayretle ona bakakalır.

FEHİM

Merhaba ben Fehim. Sorunun cevabını ben vereyim İstersen. Panteli isminde bir oğlum olduğunu bilmiyordum.

PANTELİ

Şakanın sırası mı şimdi Efendi!

FEHİM

Şaka değil. Hamile olduğunu benden gizledi.

Panteli sessiz kalır. Maria Teyze araya girer.

MARİA TEYZE

Neyse... Ne diyordum... Ha o bakım evinde mutlu değildi.

Sana söylemedi, şikâyet etmek istemedi ama mutsuzdu.

PANTELİ

Gözü Fehim'de, robotik cevaplar verir.

Öyle mi? Nasıl olur? Ben öyle bir şey sezmedim. Onu ziyaret ettiğimde muhakkak fark ederdim.

MARİA TEYZE

Nasıl görecektin ki evladım. Ben de ziyaret ettiğimde el pençe divandılar.

Elini sallar.

Nerde?

Aslında o da kolay bir insan değildi. Ama görev bu. İşlerini düzgün yapmaları gerekmez miydi? Hep gösteriş.

PANTELİ

Hayret. Annem bana burada mutsuzum demedi.

MARİA TEYZE

Seni Üzmek istemedi. O yüzden' Her neyse...

Ne diyordum?

Ha evet...Bazı ayarsızlar Akbabalar gibi etrafında dolaşıp durdular. Onu rahat bırakmadılar.

İstavroz çıkarır.

Hangi işe çağırdılarsa hayır demedi. Yıllarca çalıştı, sizleri korumak büyütmek kolay değildi.

PANTELİ

Söylenenleri sanki duymuyordur.

Evet. Çok çalıştı annem.

MARİA TEYZE

Fehime bakarak devam eder.

İlk yıllarda, köylülerin dilleri tırpan kesildi. Hakkında söylemedikleri galmadı. Ta ki rahmetli babamızın sabrı tükendi de laflarını ağızlarına dıktı.

Kıkırdayarak

Yine de eyi etmemiş. Tüm aileyi mahcup etti. Dillerde dolaştık. En çok da sen etkilendin, Panteli mou.

PANTELİ

Eh... Hayat bu! Di na ganome?

'Ne yapsak ki!' alt yazı olarak ekranda yansıtılır

Birden Fehim'e döner

Sen niye geldin? Biz hepimiz yaşam mücadelesi verirken sen neredeydin. Şimdi niye geldin.

Fehim cevap vermez. Maria Teyze yine araya girer.

MARİA TEYZE

Oğlum. Bu annenin cenaze törenidir. Buraya davetli de gelir davetsiz de. Olay çıkarmayalım. Hem yıllarca babanı bilmek görmek isteyen sen değil miydin?

Panteli sakinleşir. Fehimin kim olduğunu fark eden Sotiris'le Andreas rahatsız olduklarını belirterek bahçe kapısından çıkıp giderler. Fehim olaylara aldırmaz gibi görünür.

FEHİM

Bir şeyler anlatıyordun Maria Hanım. Devam etsene.

MARİA TEYZE

Eee, yani, işte... Rahmetliyi anıyorduk. Çocuklarını sever onlarla gurur duyardı. Bunu çok severdi. 'Böyle bir oğlum olduğu için şanslıyım' derdi. Diğerlerini de hiç bırakmadı. Hep peşlerinden koştu. Ama onlar analarını arayıp sormadı maalesef. Kaç zaman bakım evinde galdı. Gidip ziyaret etmediler.

Sağa sola bakınır.

Buradaydılar. Çıkıp gittiler herhalde.

Bir an sessiz kalır.

Hepimiz yıprandık bu aşk hikâyesinden Fehim Beyciğim. Keşke seninle evlenseydi. İyi adamsın. Ona da çocuklarına da bakardın. İnsanız. Ne var ki bunda?

Şu anlamsız milliyetçi zihniyeti çoğumuzu evsiz kimimizi de gurbete mahkûm etti.

Panteli ölü annesinin gölgesine hitap edercesine...

PANTELİ

Annem cesur kadındı. Ama sana evet demeye cesaret edemedi.

Üçü de susar. Panteli düşünceye dalar. Sanki olanları yeniden değerlendiriyor görünür.

Rum veya Türk, hepimiz bu adanın insanıyız. Bunu bir türlü kavrayamadık.

Baba oğul bir süre bakıştıktan sonra kucaklaşırlar.

20 -DIŞ – AKŞAM AĞRİDİA SOVRONİA KÖY EVİ BAHÇE

İçki sofrası. Fehim, Panteli'ye sınır kapıları açıldıktan sonra Kıbrıs'ın güney kesiminde kalan, doğup büyüdüğü köyüne ilk ziyaretini anlatıyor. Anlatırken kamera yıkık dökük bir köyü görüntüler. Yeni bir evin yanında evin bahçesi olarak kullanılan arsa, evlerinin yok olduğu arsadır. Köyde birkaç evden başka hayat yok. Her şey yerle bir olmuş veya yıkık dökük.

FEHİM

Evimiz artık yoktu. Aile yerimiz, yuvamızın uyandırdığı duygu çığları ile boğuşuyordum.

21 - DIŞ – GÜN KIBRIS BAF KÖYÜ – AYIA VARVARA

Kamera yıkık dökük köy evlerini gösterir. Yeni bir ev. Yanında boş bir arsa. İçinde domates fasulye gibi sebze bitkileri, birkaç sardunya çiçeği, İki zeytin ağacı. Görüntüye Fehimin sesi düşer. Fonda Zamfir'in Hanging Rock müziği son haddindedir.

FEHİM

Arsa, yandaki yeni yapılmış evin bahçesi olarak kullanılıyordu. Annem, babam, dedem, dayımlar, diğer akrabalar, uzak yakın, kocaman bir aileydik. Ama şimdi kimse yoktu. Alışageldiğimiz o sesleri hep aradım.

22 - DIŞ – AKŞAM KIBRIS AĞRİDİA SOVRONIA BAHÇE

Kamera tekrar Sovronia'nın bahçesini gösterir. Fehim'le Panteli Kadeh kaldırırlar

FEHİM

Dede'nin kasabada başka evleri vardı.

23 - İÇ – GÜN KIBRIS BAF KASABASI

Kamera bu kez kasabada bir mahalledir. Fehim babasının evine bakıyor. Pencereden onu gören göçmen 'ev sahibi' dışarı çıkar.

GÖÇMEN EV SAHİBİ

Bu sizin eviniz mi?

FEHİM

Başını sallar.

GÖÇMEN EV SAHİBİ

Biz çıkarız…Sonuçta bu sizin malınız.

24 - DIŞ – AKŞAM KIBRIS AGRİDİA SOVRONIA BAHÇE

Kamera tekrar Sovronia'nın evinin bahçesindeki içki masasına döner.

FEHİM

Her şeyi talan eden anlamsız savaşlar!

Bir an sessiz kalırlar. Bir şeyler yemekle meşguldürler.

PANTELİ

Maalesef babam!

Peki kuzeye geçişin nasıl oldu?

FEHİM

Çarpışmalar esnasında yaralandım. Gözümüz bağlı, bir esir kampına aktardılar. Kalabalıktık. 'Bu gidişle kayıplar listesini kabartırız herhalde' diye birbirimizle şakalaşıyorduk. Ama rahat değildik.

PANTELİ

Peki nasıl kurtuldunuz?

FEHİM

Rehindik. Takas edilecektik. Toplama kampı şartları.

Birimiz su isteyecek oldu. Onu süngüyle, kızıl güneşin altında koşar adım sürdüler. Çoğumuz sağlık sorunları yaşadı.

Şeker, kalp… Erken göç ettiler.

PANTELİ

Yunan askeri İzmir'den kovulmalarının hesabını soruyordu herhalde. Peki doktor, ilaç?

FEHİM

Maalesef...Kan kaybımdan kendimden geçtim. Ölebilirdim de.

Biran sessiz kalır

O yüzden ilk takas edilenlerdendim. Hastane, doktor, ilaç. Bir şekilde yaşatıldım.

Yine kadeh kaldırırlar

Annenden ayrıldığımda çektiğim acı kadar oldu yani. Onu deli gibi seviyordum. Evlenmedim. Bir gün çıkar gelir diye hep bekledim.

Sonra sınırlar çizildi...

Umutlar söndü...

Neyse ki altmış beş yıl sonra seni buldum... Hâlâ inanamıyorum. Sevinçten ayaklarım yere basmıyor evlat!

Bir müddet sessiz kalırlar.

Şimdi sen anlat bakalım... Neredesin? Ne yapıyorsun?

PANTELİ

Uzun hikâye... Peki anamın ölüm haberini kimden aldın?

FEHİM

O da uzun bir hikâye... Ama seni buldum ya... Dünyalar benim oldu.

PANTELİ

İçelim o zaman.

Baba oğul kadeh tokuştururlar.

PANTELİ

Yıllarca seni sayıkladım. Sonra ansızın, 'Ben Fehim' diye karşıma çıktın. Tepem attı.

FEHİM

Bilmez miyim?

PANTELİ

İyi ki Maria teyzem araya girdi. Onu hiç bu kadar öfkeli görmemiştim...

Yine sessiz kalırlar.

FEHİM

Sonunda birbirimize sarılabildik. Amansız zamanla yarışıyoruz Panteli mou.

İçelim!

24 - İÇ- GÜN LONDRA PANTELİ HACKNEY PUB

Panteli Hackney'deki müdavimi olduğu pub'a girerken babasının söylediği Kara Tren türküsünü mırıldanır. Sonra, elinde bira bardağı, tek kişilik bir masaya oturur.

PANTELİ

Çok geçmedi, o da göçtü gitti. 'Kara sevdadan' dediler.

Hiç şaşmadın değil mi Panteli. Mutluluk sana ancak ufacık dilimlerle sunulur.

Bir yudum bira içer. Sonra yine Kara Tren türküsünü mırıldanırken birden siyah baş örtüsüne bürünmüş ruh Sovronia'nın karşısında oturduğunu fark eder. Gerilir.

PANTELİ

İyi akşamlar... Gizemli anam...

Ruh renk vermez

Söylemiş miydim? Seni yad ettiğimiz gün, Maria Teyzem dolu dizgin senin geçmişini sergiliyordu ki babam, perişan, içeri daldı.

Bir yudum bira daha içer.

Hepimiz yıprandık bu anlamsız travmadan.

Sessizce ayağa kalkar.

Biramı içemeyeceğim bu akşam. Yine görüşeceğiz. Eminim. Biliyorsun. Bu mucizevi buluşmalarımıza birlikte imza attık. Hade eyvallah!

Ceketini omuzuna atıp pub'dan çıkarken, Kara Tren'i mırıldanır. Ekran karardıktan sonra da türkü devam eder.

Kara Tren gecikir belki hiç gelmez,

Dağlarda salınır, derdimi bilmez,

Dumanın savurur, halimi görmez,

Kan dolar yüreğim, göz yaşım dinmez.

SON